Genitori Narcisisti

Le dinamiche relazionali in ambienti familiari disfunzionali

Cecilia Overt

"Gli sforzi dei genitori moderni perché i loro figli si sentano amati e desiderati non riescono a nascondere una freddezza di fondo. L'indifferenza di chi ha ben poco da trasmettere alla generazione successiva e vede in ogni caso come prioritario il proprio diritto alla realizzazione di sé"

Christopher Lasch

"La bambina è l'idolo della madre, che in cambio pretende un ben misero compenso: la sua vita"

Elfriede Jelinek

Sommario

Capitolo 1

Introduzione al Narcisismo

Qualche giorno fa, stavo controllando la mia casella di posta elettronica come faccio di solito la mattina presto, quando una e-mail in particolare ha attirato la mia attenzione. L'oggetto del messaggio titolava, in grassetto, "MIA MADRE ERA UNA NARCISISTA?".

Il mio cuore, improvvisamente, ha cominciato a battere forte.

Perché ti starai chiedendo? Perché in base alla mia esperienza in materia, quando qualcuno fa una domanda del genere, la risposta, generalmente è SI.

Prima di arrivare a conclusioni definitive, però, ho voluto aprire l'e-mail per leggerne il suo contenuto.

Era stata inviata da una giovane donna che desiderava proteggere la sua identità. La chiameremo di conseguenza Anna.

Anna aveva letto i miei libri sul narcisismo e voleva saperne di più. I dettagli di cui mi informava in quella missiva erano orribili. Te ne riporterò direttamente ed indirettamente solo una piccola parte.

Anna ricordava di quando sua mamma la schiaffeggiava sul viso semplicemente per aver indossato un brutto vestito per andare a scuola. Era solo una bambina, una tenera e piccola ragazzina di sette anni.

Sua madre preparava meravigliose torte di compleanno per i vicini, per i colleghi e per tutti gli amici di Anna tranne che per lei.

L'e-mail continuava con Anna che mi informava di quanto sua madre avesse apparentemente legato con tutti attraverso **modi** che le persone ritenevano buoni e recitando, per il semplice scopo di essere benvoluta dagli altri. Con lei, però, nessuna cortesia! MAI e poi MAI.

Compiuti i dodici anni, durante una breve discussione, Anna aveva rinfacciato a sua madre di essere cattiva perché era stata accusata di essere motivo di imbarazzo quando riceveva brutti voti a scuola.

In risposta a questo ragionevole e giustificato sfogo sua madre non le parlò per tre settimane, si rifiutò di prepararle il pranzo per la scuola e la lasciò senza soldi per evitare che potesse comprarsi qualcosa da mangiare, obbligandola implicitamente a chiedere ai suoi amici di condividere il loro pranzo con lei.

Questo, ovviamente, è stato per lei motivo di enorme disagio e forte sofferenza.

In sostanza, Anna mi ha descritto la sua infanzia come fosse un incubo. Un incubo nel quale sembrava dovesse sempre camminare come se fosse sui gusci d'uovo.

"Non sono mai stata amata per essere me stessa. Sono stata trattata bene solo quando ero all'altezza delle aspettative di mia madre".

Si, mi ha scritto proprio questa frase.

Ogni volta che Anna sbagliava, ed è una cosa assolutamente normale sbagliare per un bambino, veniva paragonata ad altri che invece avevano risultati.

"Sono stata costretta ad andare a lezioni di piano e di danza, anche se io volevo fare sport. Mi diceva che le ragazze perbene dovevano imparare il pianoforte e la danza classica e che a fare sport erano solo i ragazzi" [...]

"Io odiavo il pianoforte. E quando le ho detto che volevo smettere mi ha tolto la paghetta dicendomi che avrei potuto fare quello che volevo solo quando avrei smesso di vivere sotto il suo tetto" [...]

*"Avevo dodici anni e sono stata costretta a lodarla sempre e per tutto. Lodarla perché mi accompagnava a scuola; lodarla perché mi portava a lezione di piano e danza; lodarla perché mi preparava la cena. E quando non lo facevo venivo considerata ingrata e **punita con il silenzio**".*

Oltre a tutto questo, quando Anna aveva sedici anni, la madre ha fatto in modo che lasciasse il suo ragazzo perché lui "non era il tipo giusto da frequentare per le ragazze di successo" costringendola a rinunciare al suo lavoro part-time da McDonald's perché non voleva che la gente pensasse che lei non fosse in grado di mantenerla dignitosamente.

Anna è cresciuta pensando che sua madre si preoccupasse più per come le persone percepivano la sua genitorialità anziché badare al benessere della figlia.

C'erano molti altri dettagli nella e-mail. Tante informazioni grottesche e strazianti che non condividerò con te per preservare quel minimo di rispetto che rende doveroso il NON dover scendere in determinati particolari. Sappi però che Anna vive ancora oggi in un continuo stato di ansia. È spaventata e si sente ancora **non abbastanza brava**.

"Spesso mi chiedevo se c'era qualcosa che non andava in me. Ero una bambina così cattiva?"

Mi ha chiesto anche questo, in seguito e durante uno dei nostri colloqui...

"No, Anna. Tesoro, non eri una bambina cattiva. Assolutamente. Non c'è mai stato e mai ci sarà niente di sbagliato in te. Temo però che tua madre sia una narcisista".

Ricordo che con queste parole chiusi quell'incontro. Ed il mio cuore si frantumò in un milione di piccoli pezzi perché avevo appena incontrato l'ennesima vittima innocente che si portava dietro una montagna di dolore a causa di un GENITORE NARCISISTA.

Ho deciso così di scrivere questo altro libro perché non posso fare a meno di pensare a tutte le Anna, e magari anche a tutti i Paolo (nome di fantasia anche questo) visto che il fenomeno può colpire indiscriminatamente sia figli maschi che femmine.

Ho deciso di scrivere questo altro libro per tutti i figli che sono lì fuori; che sono costretti ad ascoltare una terribile voce interiore che li critica continuamente; che sono in preda ad un'immensa insicurezza, non per colpa loro, e le cui anime sono state sconvolte e spezzate in due a causa di genitori anaffettivi e spogliati di quell'empatia necessaria per crescere un figlio.

Questo libro è per tutti voi che vi sentite come Anna e Paolo.

Sappiate, e ve lo dico ancora prima di cominciare, che non siete colpevoli di nulla e che potrete guarire e prosperare.

Tutto ciò di cui avrete bisogno sono solo gli strumenti giusti per farlo e spero che questo libro possa riuscire a fornirvi le indicazioni, o parte di esse, di cui avrete bisogno per poter cominciare il vostro percorso di rinascita. Buona lettura...

1.1 Cos'è il Narcisismo

Farò una premessa prima di cominciare. Userò solo ed esclusivamente il maschile per una questione di comodità. Ma sappi che, qualora tu fossi una femminuccia, questo libro andrà bene anche per te. Diciamo che è unisex ok? Perfetto.

Ora, a meno che tu non stia vivendo dentro una grotta ed isolato dal mondo, probabilmente avrai sentito spesso la parola narcisismo. I social sono pieni di meme che ironizzano sui narcisisti e molte pagine scrivono continuamente post e linkano articoli relativi ai narcisisti del nuovo millennio.

Con il tempo, si è costruita così quell'idea comune che vede i narcisisti come delle persone estremamente egoiste, maleducate ed ego-riferite. Oggi, viene quasi automatico credere che il narcisismo sia un fenomeno molto più comune di quanto effettivamente non sia proprio a causa di un linguaggio elaborato in modo parecchio approssimativo e che descrive tratti comuni che noi non sempre potremmo apprezzare.

Ma il narcisismo non è questo. Il narcisismo non è quello che pensiamo che sia. I narcisisti, senza dubbio, possono essere egoisti e maleducati ma non tutte le persone egoiste e maleducate sono narcisisti. Per capire veramente cos'è il narcisismo dobbiamo scavare molto più in profondità.

Cominciamo con il dire che il narcisismo è un disturbo della personalità caratterizzato da un insieme di tratti delle tante caratteristiche che alcune persone hanno.

Si, ok Cecilia!! Ma cos'è un tratto?

Un tratto è semplicemente una qualità od un attributo che appartiene ad una persona e che la distingue da un'altra. Generosità, integrità, lealtà, gentilezza, ecc. sono, o possono essere, tutti tratti di una persona. Ma a differenza di questi tratti, a livelli malsani di narcisismo corrispondono tratti negativi.

Troppo spesso, al giorno d'oggi, il termine narcisismo viene usato liberamente per indicare magari persone che sembrano troppo sicure di sé o che non dubitano mai di loro stesse. Che sono difficili da frequentare o che passano troppo tempo a parlare di loro. Ma il narcisismo, inteso come DNP (Disturbo Narcisistico della Personalità), è molto più complicato.

Proviamo a dare una definizione quanto più chiara possibile di cosa è il narcisismo.

Il narcisismo è **la ricerca della gratificazione derivante dall'ammirazione e dalla vanità egoistica della propria immagine e degli attributi idealizzati**. Ciò include anche, ma non solo, auto-adulazione, perfezionismo, maleducazione ed arroganza.

Il narcisismo è un tratto della personalità che è radicato in ognuno di noi. Ma solo entro una certa misura. Come ho già descritto in un altro libro, il narcisismo è uno spettro in cui la maggior parte di noi cade. Quando si cade nel mezzo dello spettro (quindi entro un livello compreso tra 4 e 5) esso è salutare poiché incoraggia a prendersi cura dei propri bisogni ed a concentrarsi su sé stessi. Livelli bassi di narcisismo portano difatti a costruire fiducia, autoconservazione e resilienza.

Si trasforma in disturbo narcisistico di personalità quando una persona cade nell'estremità alta di questo spettro, in un livello superiore al 5. A questo punto, comincia ad esser considerato come un disturbo che può essere più o meno severo.

Ora, dobbiamo premettere che quando un individuo sano, che sia un lui o una lei poco importa, riconosce di avere lievi tratti narcisistici che potrebbero causare problemi a coloro che li circondano, potrebbe esser anche in grado di riconoscere il feedback costruttivo altrui e cercare di lavorare sulle proprie caratteristiche negative.

A differenza degli individui sani, invece, le persone che soffrono in modo piuttosto serio del disturbo narcisistico di personalità, hanno schemi comportamentali profondamente radicati e pervasivi. Non è che non siano disposti a cambiare! Semplicemente potrebbero anche non capire, e quasi sempre è così, cosa gli altri stanno cercando di dirgli e fargli notare.

La loro fragile autostima non può accettare critiche. Possiamo dire, in un certo senso, che i loro cervelli non sono predisposti a recepire critiche o feedback costruttivi. Ciò è causato dalla loro autostima che è immensamente fragile.

Per proteggere questa forma di autostima, estremamente bassa, i narcisisti cercano di nasconderla attraverso l'espressione di un senso di superiorità parecchio gonfiato.

Questo eccessivo senso di superiorità che maschera la loro fragile autostima si concretizza in un individuo che ha una quasi totale incapacità di "vivere" normalmente in contesti che esulino dal lavoro (non è difficile imbattersi in narcisisti che sul lavoro sono persone di successo).

I narcisisti sono soggetti estremamente ambigui. Idealizzano all'eccesso le persone e desiderano costantemente essere apprezzati.

Per loro, avere relazioni relativamente più funzionali è possibile solo sul luogo di lavoro perché in questi contesti, generalmente, le persone mantengono limiti di interazione profonda più elevati. Nonostante questo, però, il narcisista può essere crudele, cattivo e critico anche in questi contesti. E particolarmente verso coloro che gli sono più vicini.

Fondamentalmente, a loro, manca quella che viene chiamata tecnicamente la **costanza dell'oggetto**. Essa indica l'attitudine nell'avere fiducia nelle relazioni e nelle persone, anche quando le cose non stanno andando secondo i piani o quando ci sono disaccordi e battute d'arresto. In tali circostanze, il narcisista si dimentica improvvisamente di tutto ciò che ha visto ed ammirato nella persona prima di questi accadimenti.

Le persone che hanno questo disturbo hanno un'empatia molto bassa, quasi assente. Recenti studi lo hanno dimostra attraverso la ricerca. Alcuni esperimenti hanno fatto emergere il fatto che un soggetto narcisista è incapace di comprendere il punto di vista altrui perché ha meno materia cerebrale nelle aree del cervello che sono preposte all'empatia.

Cosa molto importante, anche se molto sottile, è il fatto di quanto debba esser considerata fondamentale la capacità di distinguere tra una persona alle prese con un disturbo narcisistico della personalità e una persona che, invece, cade semplicemente un po' più avanti rispetto alla metà dello spettro narcisistico.

È altrettanto importante, però, considerare il fatto che qualsiasi autodiagnosi è una faccenda molto pericolosa. Può portare a enormi dubbi su te stessi e a problemi di fiducia sia personali che nei confronti delle persone che si stanno cercando di "diagnosticare" quando, invece, non c'è proprio nulla da diagnosticare.

Gli esperti dicono che al massimo solo lo 0,5% -1% della popolazione mondiale, anche se probabilmente la percentuale aumenta sempre di più, soffre di un serio disturbo narcisistico di personalità.

Cominciamo quindi con il tenere bene a mente questo: se qualcuno si comporta in un modo che a noi non piace, non necessariamente è un narcisista.

1.2 Tipologie di Narcisismo: Narcisismo Overt e Narcisismo Covert

Probabilmente, adesso ti starai chiedendo se sei o sarai mai in grado di identificare un soggetto narcisista. Con la doverosa premessa che una diagnosi intesa in senso tecnico può esser fatta solo ed esclusivamente da una persona con competenze certificate in materia, posso però darti qualche parametro di valutazione.

Secondo i principali esperti, ci sono ufficialmente nove **tratti** da identificare prima che qualcuno possa essere formalmente diagnosticato come una persona che è alle prese con un disturbo narcisistico di personalità.

Questi **tratti** sono i seguenti:

1. Senso di importanza personale grandioso e ostentato continuamente.
2. Ciò significa essenzialmente che questo loro senso di superiorità non è realistico e li porta a valutare in automatico gli altri come persone inferiori.
3. Continua preoccupazione nel voler creare nella loro testa immagini che li portano a fantasticare situazioni di potere illimitato, ricchezza, successo, bellezza, brillantezza ed amori idealizzati.

4. Consapevolezza di unicità. Solo poche persone, altrettanto "brillanti", possono riconoscerne il talento e il valore.

5. Ego che richiede continua ammirazione da parte di coloro che li circondano.

6. Si crogiolano sotto quest'ammirazione eccessiva e quando essa manca ne soffrono smisuratamente.

7. Profondo senso di diritto e contestuale desiderio di cavarsela sempre infrangendo le regole.

8. Comportamenti manipolatori manifestati nelle loro relazioni interpersonali al solo scopo di soddisfare i loro bisogni attraverso lo sfruttamento degli altri, anche quando questo richiede spesso di spingersi oltre i confini altrui.

9. Totale assenza di empatia.

10. Continui sentimenti di invidia verso gli altri connessi alla credenza che invece siano gli altri ad invidiare loro.

11. Arroganza ostentata ed atteggiamenti attraverso i quali vogliono manifestarsi migliori degli altri.

Tutti questi sintomi possono manifestarsi nella convinzione che i narcisisti siano sempre facilmente identificabili. Sono quelli che oggi vengono spesso chiamati con l'appellativo di **vampiri emotivi** e che dominano ogni conversazione, alla continua ricerca di una spinta al loro ego.

Trascurano i bisogni degli altri e amano essere sempre al centro dell'attenzione. I narcisisti di questo tipo sono facilmente identificabili e sono noti come narcisisti overt.

Overt si traduce dall'inglese in apparente, aperto, palese assumendone quindi proprio questo significato.

Purtroppo, però, non tutti i narcisisti sono facilmente identificabili. Alcuni sono meno evidenti e di conseguenza mostrano sintomi più difficilmente. Questa categoria di narcisisti è nota come narcisisti covert. I narcisisti covert differiscono dai narcisisti overt perché mancano di quella sfacciata sicurezza con la quale, gli overt, camminano nel mondo.

Sia ben chiaro però, anche loro, proprio come gli overt, desiderano l'attenzione degli altri. Ma al contrario degli overt non hanno il coraggio di palesarlo così facilmente.

Preferiscono piuttosto stare in disparte perché temono le critiche e l'umiliazione. Diffidano quindi sempre di qualsiasi comportamento altrui che possa suscitare critiche nei loro confronti e ferire il loro fragile ego.

Tutto questo, però, non deve assolutamente essere confuso con una differenza di caratteristiche e di tratti rispetto al narcisista overt. Il narcisista covert condivide gli stessi tratti di un narcisista overt. È allo stesso modo egoista, manipolatore ed ego-riferito. Ma lo è in modo più subdolo.

Per renderci conto delle differenze tra i due, possiamo comunque elencare i tratti, o meglio il modo in cui essi si manifestano, delle due categorie.

Narcisisti Overt

1. I narcisisti overt amano ogni forma di attenzione, sia essa buona o cattiva. Si identificano con la convinzione che fintanto che ricevono attenzione, positiva o negativa, sono in grado di agire nel migliore dei modi.

2. I narcisisti overt pretendono spudoratamente complicità e ammirazione. Se non si è d'accordo con loro, attaccheranno e manipoleranno finché l'altra persona non condividerà la sua opinione. È anche molto probabile che in questi casi reagiscano in modo eccessivo, mostrando rabbia, impazienza e facendo i capricci quando non ricevono ciò che credono sia loro dovuto.

3. I narcisisti overt tendono anche ad essere estremamente aperti con false ed ostentate adulazioni per influenzare le persone che in quel momento sono nella loro "zona di caccia" e desiderano impressionare.

4. I narcisisti overt acquisiscono forza e controllo dominando l'altro. Sono molto attenti nella scelta della "preda", scansionano accuratamente il territorio per scegliere le persone che riconoscono come deboli e vulnerabili. Lo fanno per apparire più forti e superiori.

5. I narcisisti overt sono arroganti e trascurano coloro che ritengono inferiori a loro in determinati contesti sociali.

6. I narcisisti overt sono incredibilmente inclini a forme di rabbia senza precedenti, spesso possono diventare anche estremamente offensivi. A volte, le loro reazioni possono sfociare anche in violenza fisica. Questo lascia la vittima confusa ed in preda a sensi di colpa. Non è raro, infatti, notare come spesso le vittime si biasimino perché nelle loro menti razionali questa rabbia senza motivo non viene contemplata. Ci deve essere per forza una causa e loro, sovente, ritengono esserla.

7. I narcisisti over credono che ogni altra persona sia in competizione con loro e tendono quindi non a comunicare bensì a sconfiggere ed umiliare.

8. I narcisisti overt tentano continuamente di "fare branco" con coloro che li circondano deridendo, ridicolizzando e denigrando tutti gli altri.

9. I narcisisti overt spesso intraprendono azioni che dimostrano la loro convinzione di avere diritto a un trattamento speciale. Come? Arrivando magari in ritardo agli appuntamenti sociali, non rispettando le comuni regole di convivenza per strada e, a volte, violando palesemente norme di carattere generale. Quando vengono scoperti, spesso possono darsi alla fuga.

10. I narcisisti overt possono manipolare le persone fino al punto di saper prima cosa dire e fare per raggiungere il loro obiettivo finale. Possono essere affascinanti, interessati e attenti quando hanno in mente chiaramente il loro piano predatorio.

Narcisisti Covert

1. I narcisisti covert sono passivo-aggressivi. Quindi, piuttosto che instaurare una discussione aperta, per ottenere ciò che vogliono tendono a comportarsi in modo passivo-aggressivo. Tendono cioè ad esprimere sentimenti di rabbia in modo mascherato.

2. I narcisisti covert sono incredibilmente insensibili ai bisogni degli altri e tendono a compiacersi continuamente. Inoltre, trattengono informazioni, affetto e sentimenti nel tentativo di controllare chi li circonda.

3. I narcisisti covert sono alla continua ricerca di soggetti empatici e "guaritori" per sfruttarli allo scopo di soddisfare i propri bisogni.

4. I narcisisti covert tendono a servirsi delle "lacrime di coccodrillo". Piangeranno e manipoleranno le persone intorno a loro attraverso teatrini di autocommiserazione per ottenere cure e attenzioni.

5. I narcisisti covert credono di essere vittime e di essere perseguitati.

6. I narcisisti covert cercheranno di attirare l'attenzione mettendo sempre in scena false crisi che non esistono.

7. I narcisisti covert spesso fingono di essere malati e fanno finta di soffrire per ottenere attenzioni.

8. I narcisisti covert si trovano spesso in situazioni di dep ansia.

9. I narcisisti covert hanno un senso di diritto che va oltre i benefici emotivi e finanziari. Prosciugheranno i loro partner e i membri della famiglia emotivamente e anche monetariamente quando ciò è possibile. Quando qualcuno si rifiuta di concedergli tempo o denaro, piangeranno e si autocommisereranno cercando modi per attirare l'attenzione.

10. I narcisisti covert non si ritengono responsabili di niente nella loro vita. Incolperanno persone, situazioni ed istituzioni per i loro fallimenti e per le loro battute d'arresto.

Entrambe le tipologie di narcisisti mancano di empatia e hanno un profondo senso distorto di sé stessi. Tecnicamente si chiama **falso se** ed è basato su quella particolare grandezza che tende a mascherare una profonda comprensione dell'inutilità.

Entrambi manipolano e usano il senso di colpa, il gaslighting, la negazione e l'abuso per vedere soddisfatti i loro bisogni di sentirsi superiori.

1.3 Dentro la mente di un narcisista

Per la maggior parte delle persone può esser sicuramente difficile capire perché un narcisista sia strano. Una persona empatica e generalmente gentile può trovare assurdo il modo di fare egoistico e totalmente anaffettivo di un narcisista.

Ciò che potrebbe aiutare, tuttavia, è il fatto di riuscire ad acquisire una visione quanto più profonda possibile della mente di un narcisista.

Che cosa pensa un narcisista giorno per giorno?

Per capirlo, sarebbe utile prima di tutto conoscere quali sono le cause del Disturbo Narcisistico di Personalità. Al momento, non è nota una causa ben precisa del disturbo. Questo è un aspetto che già ho toccato in un altro mio libro ma val la pena di ripeterlo.

Ricercatori e medici affermano che sono due i fattori principali che possono influenzare l'insorgenza della malattia: la genetica e l'ambiente.

Alcuni elementi hanno dimostrato che se un disturbo di personalità si verifica in famiglia, è molto probabile che anche i discendenti sviluppino questo disturbo. Di conseguenza, un disturbo narcisistico di personalità può verificarsi quando c'è una storia familiare in cui anche altre persone hanno dovuto "lottare" con esso.

In secondo luogo, diversi studi dimostrano che particolari interazioni genetiche possono causare lo sviluppo della malattia.

In termini di fattori ambientali, un attaccamento emotivo compromesso con i genitori può causare nei bambini un disturbo narcisistico di personalità. Un bambino che cresce in un ambiente in cui i genitori, od uno dei due, sono emotivamente non disponibili o non coerenti nel prendersi cura di lui, può comportare il fatto di "imparare" a percepirsi come non importante e non connesso. Il bambino interiorizza così queste convinzioni e comincia a pensare di non essere desiderato perché c'è qualcosa che non va in lui.

Va però sottolineato che è vera anche l'altra faccia della medaglia. Ossia che genitori eccessivamente permissivi ed indulgenti possono portare all'aumento delle probabilità di sviluppare un disturbo narcisistico di personalità.

Cerchiamo adesso di cominciare a fissare dei paletti.

Non importa quali siano le ragioni che stanno dietro allo sviluppo di un DNP. O meglio, non importano da un punto di vista sociale, ovviamente, non clinico. Nessuno merita di essere maltrattato e, come adulti funzionali, dobbiamo essere ritenuti sempre responsabili delle nostre azioni, delle nostre emozioni e dei nostri bisogni. I narcisisti, purtroppo, non sono adulti sani. Vivere o lavorare con un narcisista può avere gravi conseguenze a breve e lungo termine che possono causare malessere fisico e psicologico a chi gli sta vicino.

La mente di un narcisista è un luogo solitario ed oscuro.

Credono di essere così unici da arrivare al punto di fregarsene di tutto e di tutti! Anche se dall'altra parte ci sono partner o figli. Se desideri veramente sapere qual è la visione che hanno di loro stessi, ho preparato per te un elenco di processi mentali che attraversano sempre la mente di un narcisista:

- Cosa c'è da non amare in me? Io mi amo e così fanno tutti gli altri. Non capisco perché gli altri non dovrebbero amarmi. È impossibile!

- Non ho bisogno di scusarmi perché non c'è assolutamente bisogno che io chieda scusa. Chiunque farà parte della mia vita mi accetterà incondizionatamente e mi capirà a dispetto di come mi comporterò o di cosa dirò.

- Questo posto non mi appartiene. Sono così unico e speciale che nessuno qui dentro è alla mia altezza. Devo ancora incontrare la persona giusta.

- Senza di me il mondo crollerebbe perché gli altri non sono in grado di fare quello che faccio io. Io devo essere la guida o tutto il resto fallirà.

- Penso che le regole e gli obblighi debbano essere rispettati. Li capisco! Tuttavia, non ho il tempo né l'attitudine per seguirli perché non sono una persona normale. Le regole e gli obblighi si applicano agli altri, non a me.

- Spero che tu possa apprezzare chi sono e quello che faccio. Spero che tu possa ringraziarmi per tutto quello che ho fatto e faccio per te. Io sono meraviglioso ed unico.

- Sto cercando una persona del mio stesso livello, vorrei che fossimo simili. So che, però, questo per te è molto difficile. Al momento non lo siamo e, sinceramente, non importa quanto ci provi, non lo sarai mai. Io continuerò a ricordarti la mia superiorità evidenziando sempre i miei successi! Dalla scuola al lavoro, dalle relazioni all'amicizia ecc. Mi auguro che tu possa ritenerti fortunata ad avermi nella tua vita.

- Quando gli altri mi considerano arrogante, io mi sento perfettamente a mio agio. Non mi aspetto che abbiano intenzione di conoscere la ragione della mia arroganza perché sono comunque migliore di loro.

- Quando ti critico, dico la verità. Se, invece, mi critichi tu, mi arrabbierò perché non te lo devi permettere. Non ti dimenticherò né ti perdonerò perché comunque, un giorno, troverò un modo per riaverti. Quando vado su tutte le furie è solo ed esclusivamente per colpa tua.

- Non sono affatto un manipolatore. Semplicemente mi aspetto che i miei standard vengano rispettati. Mi piace che le cose vengano fatte a modo mio, anche quando questo non conviene agli altri. I sentimenti degli altri non mi interessano perché solo le persone deboli e inferiori soccombono alle loro emozioni.

• Sono il migliore e dovrei frequentare solo le persone migliori. Ti sto facendo un favore in questo momento, poche persone sono degne di starmi accanto.

• Le cose potrebbero andare meglio sole se tu facessi quello che dico senza fare domande. Se non lo fai mi arrabbio. Se continui a non farlo me ne vado.

Come avrai sicuramente capito, e se hai comprato questo libro non ho alcun motivo di non crederlo, può essere molto difficile vivere o lavorare con una persona che ha pensieri e condizionamenti di questo tipo.

Tu, ad esempio, come essere umano sano, probabilmente ti prendi sempre la responsabilità delle tue azioni. Quindi, quando le cose non vanno per il verso giusto, interiorizzerai i fatti e cercherai di accontentare il narcisista perché credi di essere responsabile del fatto che le cose stiano andando in un certo modo.

Devi però renderti conto che la dinamica che condividi con un narcisista non è una normale dinamica relazionale. I narcisisti ti svaluteranno continuamente e ti considereranno sempre inferiore. Questo continuo bombardamento emotivo porta molte persone a soffrire di ansia, depressione e attacchi di panico con l'aggravante di distruggere anche la loro autostima.

Il comportamento del narcisista, che nella maggior parte dei casi equivale ad un abuso più o meno evidente, viene interiorizzato dalla vittima anche e soprattutto quando lei non è in colpa. E diciamo anche che, raramente, una vittima di un abuso ha delle colpe. Sappi però che le cose non miglioreranno mai e poi mai perché un narcisista non cercherà mai di soddisfare le tue esigenze.

Te lo ripeto affinché ti entri per bene nella testolina: la mente di un narcisista è un luogo solitario ed oscuro che tu non puoi e non potrai mai capire, non importa quanto ci provi.

I narcisisti non cambiano perché non si considereranno mai sbagliati o condizionati da un serio disturbo mentale. Nella mia esperienza, molte volte mi è capitato di avere a che fare con vittime di abusi narcisistici. E la cosa che mi ha sempre colpito e il notare quanto loro, nonostante le sofferenze vissute, cercassero in me modi e consigli su come poter migliorare il rapporto con il carnefice. Purtroppo, nel 99% dei casi questo non è possibile. Sarebbe una battaglia persa ancor prima di cominciare.

1.4. Gli strumenti di manipolazione del narcisista

Un narcisista è sempre un lupo nascosto tra la folla. Un narcisista ha una personalità molto complicata, è un paradosso camminante. Ha un fortissimo desiderio di essere ammirato ma poi agisce in modi tutt'altro che ammirevoli.

Per mascherare il suo grandioso ego e questa sua continua voglia di essere simpatico ed unico, il narcisista usa una moltitudine di strumenti e abilità per manipolare coloro che lo circondano.

Un narcisista si sente più sicuro quando può controllare tutti nel suo ambiente attraverso svariate tecniche che adotta ciclicamente.

Il suo abuso è così sottile che molte vittime iniziano a credere addirittura che ci sia qualcosa di sbagliato in loro. È talmente abile nel causare così tanto caos nella relazione che la vittima, come già detto sopra, può arrivare a vivere stati di ansia piuttosto importanti ed esser colpita da disturbo da stress post-traumatico e depressione. Lui incolperà la vittima per ogni cosa con delle tecniche manipolative che resteranno comunque invisibili.

Ho però una bella notizia per te: puoi imparare molto sugli strumenti di manipolazione che un narcisista usa per usare poi questa conoscenza per proteggerti in futuro.

La vergogna

Generalmente, un narcisista, per controllare la vittima, ha bisogno che lei abbia una bassa autostima. Chiunque abbia confini sani e un forte senso di sé non potrà essere controllato. Tuttavia, dobbiamo considerare che un manipolatore, nel tempo, è in grado di causare danni anche all'individuo più volitivo.

In ogni caso, tenterà di svalutarti e sminuirti ad ogni occasione. Non ha alcun senso del rispetto ed è in grado di fare dichiarazioni svilenti sia in pubblico che in privato. Quando e se poi sarà riuscito ad abbassare la tua autostima, a quel punto, avrà completato parte della sua missione.

Prima ti farà vergognare e, quando tu esprimerai il tuo dolore, cercherà di farti sentire in colpa con affermazioni del tipo

"stavo solo scherzando, sei troppo suscettibile"

oppure

"ti sto dicendo la verità perché a te ci tengo".

È molto abile nel dosare i complimenti, ti farà sentire meglio quando ti lusingherà perché è un modo per addestrarti. Hai presente un cagnolino con il suo padrone? Quando il cagnolino fa quello che il padrone vuole, il padrone gli dà il biscottino. Ecco, lui farà proprio così, ti manipolerà per farti diventare quello che lui vuole, lodandoti solo e se farai le cose alle sue condizioni. Finirai in un circolo vizioso e proverai a cambiare te stessa in modo coerente alle sue volontà, sperando che un giorno diventerai abbastanza per lui.

Purtroppo, quel giorno, non arriverà mai!

Il controllo di tutto

Un narcisista ha il bisogno irrefrenabile di controllare tutto. Sovente, l'argomento delle conversazioni circonda sempre lui e riguarda la sua vita.

Nel corso del tempo, tutto passerà sotto il suo "scanner"! Dalle finanze ai luoghi dove mangiare, dagli argomenti di discussione ai luoghi in cui recarsi. Se solo per un attimo cercherai di parlare, magari di te stessa, lui riporterà la conversazione su un argomento a sua scelta e ignorerà i tuoi sentimenti. Se questo dovesse accadere, poi, in un ambiente pubblico, lui ti ignorerà. Ed in seguito ti farà notare quanto sei stata egoista nel voler cercare di portare l'attenzione su di te e ti manipolerà per farti sentire in colpa.

Con un narcisista al tuo fianco, potresti lentamente perderci in identità. Ciò significa che rinuncerai facilmente alle cose che ti piacciono e funzionerai sempre secondo i suoi programmi.

Il fascino iniziale che ben presto sparirà

Fondamentalmente, nessuno tollera comportamenti scorretti e rinuncia ai propri "confini" per degli estranei appena incontrati. Un narcisista sa, fin da principio, che per controllarti dovrà farti innamorare. Di conseguenza, la prima cosa che farà, sia quando ti incontra per la prima volta oppure quando ha bisogno che tu torni da lui dopo un silenzio più o meno prolungato od un improvviso impeto di rabbia che pone fine alla relazione violenta, sarà quello di essere super affascinante.

Il narcisista può essere la persona inizialmente più adorabile del mondo ma anche quella che lentamente riuscirà a spazzar via la tua anima.

All'inizio è facile pensare che lui, o lei, sia la persona più affascinante che tu abbia mai incontrato. Nel tempo, però, finirai solo ed esclusivamente a pensare a quell'immagine idealizzata che è solo il prodotto delle sue abili manipolazioni. E mentre tu continuerai a suonare il violino, lui calerà la maschera e verrà fuori in tutta la sua tremenda verità.

Il suo fascino sarà ormai svanito ma forse, per te, sarà troppo difficile rendertene conto.

Vittimizzazione

Con un narcisista al tuo fianco, non sarai mai in grado di esprimere i tuoi sentimenti e le tue emozioni in modo autentico. Dovrai, al contrario, essere sempre un elemento di supporto per lui. Se avrai pensieri e momenti negativi, come capita ad ogni persona, lui non sarà mai in grado di supportarti e comincerà, anzi, a parlare dei suoi problemi fregandosene dei tuoi.

I narcisisti sono soliti dipingersi sempre come le vittime principali. E lo faranno sempre in modo da farti dubitare delle tue esperienze che, ovviamente, se messe a confronto con le sue, non sono nulla (è quello che pensa lui, sia chiaro)!

Il narcisista usa lo strumento di vittimizzazione per ottenere ulteriori attenzioni e per avere scuse relative al suo cattivo comportamento.

La manipolazione di altri al solo fine di sostenerli

Quando e se una persona che è in rapporti piuttosto intimi con un narcisista, sia esso un figlio o un partner, ha una versione diversa relativamente ad un fatto rispetto alla sua, lui manipolerà una terza persona al solo fine di farsi sostenere e farti dubitare della tua realtà. Potrebbe, ad esempio, "richiamare all'ordine" un suo amico a te sconosciuto per ricevere aiuto e mantenere il controllo della situazione.

Questo è uno strumento che usa molto frequentemente e che è una specie di connubio tra il gaslighting e la triangolazione.

Il Gaslighting

Il gaslighting è uno degli strumenti più comuni di manipolazione utilizzato da narcisisti e manipolatori emotivi. In sintesi, e lo abbiamo già affrontato a lungo in un altro libro, si concretizza quando una persona "gioca" con la mente della vittima confondendola per farla dubitare della sua realtà.

Facciamo un piccolo esempio per far comprendere facilmente cosa è il gaslighting. Un narcisista afferma di voler rientrare a casa entro una settimana ed invece rientra dopo due. Ne nasce un litigio perché ovviamente la vittima non accetta questo comportamento e lui comincia a sostenere in modo anche piuttosto forte di aver sempre parlato di due settimane e non una. La vittima, già piuttosto provata da tutta un'altra serie di manipolazioni pregresse che quotidianamente capitano nel rapporto con questi individui, finisce per crederci mettendo in dubbio le sue percezioni.

Quando disaccordi di questo tipo si verificano frequentemente, possono far sentire la vittima come se stesse impazzendo. La scaraventano in un vortice di pensieri ed emozioni contrastanti che causano totale incapacità nel riuscire a tenere traccia del tempo, a ricordare date, discussioni e parole relative al passato più vicino. E comincerà a dubitare della sua sanità mentale.

L'abitudine nello sminuire i risultati degli altri

Un narcisista minimizzerà sempre tutti i tuoi risultati perché li considera una minaccia al controllo. Vuole sempre stare sotto la luce dei riflettori e si sentirà continuamente minacciato dai tuoi progressi perché questi feriscono il suo fragile ego.

Niente sembrerà mai abbastanza meritevole di attenzione. Questo permetterà al narcisista da una parte di mantenere il controllo della situazione, dall'altra di farti correre per dargli quindi sempre più approvvigionamento emotivo. Ogni volta che tu farai un passo più significativo, lui lo sfiderà ulteriormente fino a quando tu, dopo averlo rifornito per bene, esausta, smetterai di provare. Ovviamente fino al prossimo giro.

Il colpevolizzare sempre gli altri

Il narcisista non accetta di esser criticato per eventuali errori. Di conseguenza, quando proverai a far valere le tue ragioni, cercando di sensibilizzarlo su un suo comportamento scorretto, lui ribalterà tutto su di te e farà sembrare che sia colpa tua. Potrebbe arrivare ad ignorarti per giorni, settimane, mesi e tornare a parlarti solo quando ti farai viva/o per scusarti.

Dopotutto, non ci si può permettere di contraddirlo od essere arrabbiati con lui, tanto sarà sempre e comunque colpa tua.

Bene, ora che conosci, a grandi linee, gli strumenti, o parte di essi, della manipolazione di un narcisista, potrai quantomeno cominciare ad avere un'idea su ciò che ti sta accadendo. Tieni comunque bene a mente che un narcisista si preoccuperà solo di sé stesso. Se, quindi, nella tua vita c'è un narcisista, o pensi che qualcuno lo sia, diventare un po' più consapevoli di determinati meccanismi non potrà che aiutarti nel proteggerti.

Capitolo 2

Genitori narcisisti patologici

Come abbiamo già detto prima, ogni persona ha in sé un certo grado di narcisismo ma la maggior parte di esse non mostra tratti di narcisismo tali da finire nei gradi più alti dello spettro narcisistico (dal 6 in su).

Da questo momento in poi, però, ci riferiremo solo al Disturbo Narcisistico di Personalità (DNP).

Quando, purtroppo, ad un qualsiasi genitore viene diagnosticato un DNP la questione comincia a farsi estremamente seria proprio per il caos che questo può comportare nell'ambiente familiare.

Cominciamo con il fare una premessa: un genitore problematico non soffre SEMPRE di un Disturbo Narcisistico della Personalità. Un genitore che soffre di DNP mostra SEMPRE stili di attaccamento malsani e disfunzionali.

Desiderano, ad esempio, essere morbosamente vicini ai loro figli e sono possessivi nei loro confronti fino al punto di sentirsi minacciati quando e se questi stringono legami forti con gli altri. Si sentono altresì minacciati quando i figli cominciano a mostrare una certa indipendenza.

Un genitore con DNP crede che i suoi figli vengano al mondo per soddisfare i suoi bisogni ed i suoi desideri. Il bambino rappresenta lo strumento per sentirsi meglio con sé stessi e per garantirsi che rimanga sotto il proprio controllo utilizzerà diversi metodi di manipolazione, di abuso emotivo e di abuso fisico.

Crescere in un ambiente del genere può essere estremamente impegnativo e stressante. I figli di genitori con DNP potrebbero, in futuro, soffrire di traumi piuttosto seri e lo sviluppo psicologico potrebbe divenire stentato fino al punto di essere compromesso. Il rispetto dei loro confini personali è quasi totalmente assente e ciò li porta a crescere in un disequilibrio tale da comprometterne lo sviluppo dell'ego. Le capacità di ragionamento funzionano a stento ed i continui sbalzi emotivi all'interno del nucleo familiare possono produrre forme comportamentali poco etiche e non regolamentate.

Un bambino, soprattutto in tenera età, ha bisogno di empatia ed i genitori con un Disturbo Narcisistico della Personalità sono così rigidi che è impossibile per i bambini essere compresi. Crescono credendo di deludere continuamente i loro genitori.

All'inizio della loro vita, i bambini sono creature innocenti e non sono assolutamente a conoscenze del fatto che il loro genitore ha tratti narcisistici piuttosto gravi. Così, ogni volta che il genitore rimprovera il bimbo (succede quasi sempre), di lamentarsi troppo, di essere cattivo, egoista e debole, in situazioni in cui il bambino è nel giusto e sta semplicemente chiedendo che i suoi bisogni siano soddisfatti, il bambino finisce per interiorizzare il senso di colpa e sentirsi inadeguato relativamente alle aspettative dei genitori. Non è assolutamente consapevole del fatto che il genitore lo vede semplicemente come un'estensione di sé stesso e non come una creatura che ha bisogni, emozioni ed interessi differenti.

Di base, un soggetto narcisista ha paura a mostrare il proprio vero io e cerca di mascherare sempre la sua bassa autostima. Nel caso di un genitore, questo cerca di controllare i figli perché quando un bambino si comporta in un modo che lui considera debole o inadeguato rispetto alle circostanze, lo proietta su stesso sentendosi di conseguenza debole ed inadeguato. Questo è proprio un chiaro esempio di quanto i genitori narcisisti credano che i loro figli siano delle mere estensioni e non individui separati.

Piano piano, nel corso degli anni, i figli di genitori narcisisti iniziano così a comportarsi nel modo in cui i loro genitori vogliono che facciano.

Man mano che crescono cominciano a soffrire la mancanza di poter entrare in contatto con altri che discutono dei ricordi dell'infanzia. I figli di genitori narcisisti, purtroppo, non ricordano di essere stati amati per come erano, non ricordano di esser stati apprezzati per quello che facevano, nel bene e nel male. I pochi ricordi che hanno sono frastagliati, nebbiosi e spesso tristi. Gli unici ricordi chiari che hanno riguardano eventi nei quali si sono comportati secondo le aspettative dei loro genitori rendendoli orgogliosi.

Il "genitore" narcisista pretende sempre di essere il centro del mondo dei suoi figli. Cerca continuamente complimenti e denigra il bambino molto frequentemente, sapendo di avere il potere per farlo.

Essere cresciuto in un ambiente familiare con uno od entrambi i genitori narcisisti, equivale all'aver vissuto un'infanzia piena di colpe, critiche e ricatti emotivi costanti al solo scopo di poter garantire il rispetto del soddisfacimento del bisogno genitoriale.

Prima di cominciare a vedere gli effetti che una simile "educazione" può aver comportato in un figlio, è essenziale ricordare che l'aspetto chiave attraverso il quale un genitore narcisista educa un figlio è quel modello comportamentale che oggi viene chiamato infantilizzazione. Il genitore narcisista infantilizzerà i propri figli anche quando loro saranno ormai cresciuti e vicini all'età adulta.

Vediamolo nel dettaglio.

Infantilizzazione

Per cercare di essere estremamente chiari, possiamo definire questo modello come quel tipo di trattamento attraverso il quale un genitore interagisce con il figlio, ormai cresciuto e con capacità mentali superiori a quelle di un bimbo, come se fosse ancora piccolo.

Man mano che un bambino cresce, come penso saprai, si troverà a dover affrontare quei numerosi ostacoli che fanno parte della vita. Questi ostacoli offrono al bambino l'opportunità di apprendere le abilità necessarie per far fronte alla quotidianità della vita, che non sempre è una passeggiata, aiutandolo a maturare anche emotivamente. Il genitore narcisista che come ogni genitore è la figura di riferimento nella vita di un bambino, però impedirà che questo accada attraverso tutta una serie di azioni e parole che non adattano la genitorialità al contesto evolutivo relativo al processo di maturazione del bambino. Generalmente, per lui, il figlio sarà sempre quel bimbo attraverso il quale specchiarsi continuamente, privo di identità e bisogni personali.

Questo ostacolerà il bambino che non sarà in grado di sviluppare quelle capacità e attitudini di vita critiche e necessarie per farlo funzionare come un adulto.

Si dice, e non ho motivo di dubitarne, che questo accade perché un genitore narcisista ha paura che il proprio figlio diventi adulto e possa uscire fuori dal suo controllo.

Lo tratta come un neonato perché si sente superiore e perché pretende di gestire la sua vita in modo che lui continui a dipendere dal genitore diventando dipendente dalla sua approvazione.

Un bambino "adulto" indipendente rappresenta una minaccia alla relazione e il narcisista teme il dolore che questo può causare al proprio ego.

Che conseguenze derivano quindi da tutto questo?

Bene, una volta adulti, questi "bambini" non riusciranno a funzionare in modo ottimale da soli mancando di quelle capacità di vita necessarie a poter relazionarsi e vivere in modo funzionale e **sano**. Si troveranno inibiti a navigare nel mondo se non alle loro condizioni e sentiranno sempre la necessità di chiedere l'aiuto del genitore narcisista ad ogni difficoltà, proprio come quando erano piccoli.

Di seguito, vedremo quali sono quelle battaglie quotidiane che i bambini adulti si trovano spesso a dover affrontare dopo essere stati cresciuti da un genitore narcisista.

2.1 Tipologie di genitori narcisisti

Durante la mia attività di lavoro, ho avuto modo di ascoltare tante persone che mi hanno contattato in uno stato di totale confusione.

"Penso ... credo ... che mia madre sia una narcisista ma non ne sono sicuro. Credo di essere diventato pazzo. Voglio dire, sembra non le interessi nulla di me.

Non le importa dei vestiti che indosso o di quanto guadagno, non le importa dei miei amici, di cosa mi piace o meno...però vuole sempre che io sia lì per lei, anche quando non posso farlo o non dovrei farlo. Credo che stia soffrendo molto e io sono un dannato egoista!!".

Sfoghi di questo tenore sono un classico.

Ora, però, prima di andare avanti, desidero che tu capisca che i genitori narcisisti possono presentarsi in varie forme. Molti di loro potrebbero anche mostrare comportamenti che vanno contro le forme più comunemente riconosciute del Disturbo Narcisistico della Personalità.

Vediamo quali sono le tipologie più comuni di genitori narcisistici.

Esistono fondamentalmente tre categorie nelle quali un genitore narcisista può esser identificato e ti suoneranno sicuramente familiari. Da precisare che, di base, le caratteristiche sono le stesse relative al narcisismo ovviamente. Quello che è importante vedere in questa sede sono le dinamiche relazionali che si sviluppano con i figli.

Vediamo queste categorie:

- **Genitore narcisista overt**

- **Genitore narcisista covert**
- **Genitore narcisista comune**

Prima, ed anche in altri libri, abbiamo già affrontato i tratti del narcisismo overt e del narcisismo covert. Il narcisista comune, invece, pur avendo di base i tratti fondamentali di questo disturbo, può invece esser descritto come un lupo travestito da pecora.

Questa è una forma relativamente nuova di narcisismo che gli psicologi hanno scoperto da poco e nella quale non ci siamo ancora addentrati.

Il narcisista comune, di base, è molto incline ad essere visto come utile, collaborativo e degno di fiducia. Questo significa semplicemente che il narcisista comune condivide lo stesso bisogno di grandiosità che hanno i narcisisti overt e covert. Tuttavia, sceglie di interagire attraverso dei mezzi co-operativi.

Lui è il tipo di persona che si aspetta che tutti i suoi incontri vengano programmati in base al suo tempo perché, dopotutto, è l'anima della festa; è quel tipo di persona che ha bisogno sempre di un trattamento speciale considerando che è così disponibile, così affidabile e così gentile.

Nel caso di una donna, è quel tipo di persona che si arrabbierà se una sua amica decide di recarsi da altri per avere consigli perché "a nessun altro importa di te come invece importa a me".

Ora, avendo precisato e compreso bene il tema generale del narcisismo comune, possiamo procedere con l'analisi delle tre tipologie di genitori narcisisti e con l'analisi delle loro caratteristiche principali.

Genitore narcisista overt

Questo tipo di genitore è colui che vede il figlio come un'estensione di sé stesso.

Non ha alcun interesse a scoprire chi sia veramente il suo bambino e vuole semplicemente che esso sia quello che LUI VUOLE CHE SIA.

Idealizza il figlio e farà tutto ciò che è in suo potere per modellarlo in modo che cresca secondo la sua "idealizzazione". Ciò, ovviamente, non accadrà mai ma costringerà di conseguenza il bambino a scusarsi più e più volte per i suoi difetti.

Le caratteristiche principali di un genitore narcisista overt sono:

decidere cosa deve indossare il bambino, quali attività può frequentare e quali no, quali amici deve avere, cosa dovrebbe studiare e che carriera dovrebbe intraprendere.

- Vantarsi con orgoglio dei risultati raggiunti dal bambino come se i risultati fossero stati raggiunti da lui.
- Far vergognare il bambino e sminuire in modo parecchio ambiguo i suoi risultati quando il successo del figlio può minacciare la sua "posizione".

-    Trattenere l'affetto se il bambino non si piega alla sua volontà mostrando amore solo quando lui si comporta come un burattino facendo ciò che piace al genitore.

Genitore narcisista covert

Il genitore narcisista covert è più introverso poiché non ha la sicurezza di permettere al suo sé esigente di essere visto nel modo in cui il narcisista overt riesce a fare.

Anche il genitore narcisista covert vuole diventare il centro dell'universo del suo bambino. Tuttavia, lo fa in un modo più introverso, più silenzioso e passivo. È introverso per natura, non ha una vita sociale significativa e questo lo rende incline a non focalizzare i propri bisogni sulle apparenze o sul modo di vestire del bambino ma lo controllerà comunque emotivamente.

Il tratto classico del genitore narcisista covert è l'esser estremamente difensivo e diventare rabbioso quando viene accusato di aver commesso un errore o di essere in colpa. Sovente, tende a muoversi verso forme di estrema autocommiserazione e quindi sarà molto attento nell'affermare ripetutamente che il **suo** dolore è più significativo di quello di chiunque altro, indipendentemente da ciò che sta soffrendo suo figlio.

Ad esempio, quando il figlio starà male, lui cercherà di riportare l'attenzione su sé stesso attraverso lacrime e affermazioni teatrali e drammatiche su quanto il fatto di essere il genitore di un bambino malato sia la cosa peggiore che si possa affrontare.

Cerca spesso di rassicurare costantemente il figlio su quanto lui sia meraviglioso come genitore ma poi, di punto in bianco, emergono tendenze nell'esternare dichiarazioni che vanno da un "sono il peggior genitore del mondo" a "tu mi odi". Questa ambiguità di fondo è estremamente dannosa per un figlio. E fa parte del controllo emotivo di cui abbiamo accennato prima. In pratica, il bambino viene messo in una posizione di disaccordo per rassicurare il genitore su quanto, al contrario di quello che apparentemente sostiene, lui sia eccezionale. In sostanza, un genitore covert è estremamente fragile emotivamente. Ha bisogno di continuo sostegno da parte del figlio che, in un certo senso, si troverà a ricoprire il ruolo di genitore del genitore.

Le caratteristiche principali di un genitore narcisista covert sono:

- affidarsi sempre al suo bambino per ricevere supporto emotivo e per "provare" a risolvere i problemi di autostima personale. In pratica fa in modo che sia il figlio a fornirgli il supporto emotivo che, invece, dovrebbero esser lui a dare.
- Nel caso in cui ci siano fratelli, non è difficile notare quanto spesso cerchi di metterli l'uno contro l'altro giocando a fare il favorito di chi gli fornisce supporto

emotivo riempendolo di lodi a discapito dell'altro. Questo, crea un'enorme competizione.

- Ogni volta che il figlio soffre, il genitore narcisista è solito spostare il centro dell'attenzione su sé stesso con discorsi relativi al fatto di quanto la sua vita sia molto più difficile e dolorosa rispetto a quella che sta attraversando il bambino. Se, ad esempio, il figlio racconta di una rottura amorosa o del dolore derivante dalla separazione da un amico, il genitore racconterà di quanto sia stato tragico il modo in cui è finito il suo primo amore e di come, però, lui se la sia cavata facilmente nonostante le circostanze (ripeto, è solo un esempio per farti capire il meccanismo).

- Fare in modo che il bambino sia il responsabile dei suoi bisogni. Essenzialmente, il bambino è sempre il responsabile dello stato emotivo del genitore.

Genitore narcisista comune

I narcisisti comuni sono particolari. Sono diversi dagli altri perché credono che la chiave per nascondere la loro bassa autostima sia quella di essere disponibili, empatici e accondiscendenti. Fondano questa loro convinzione sul fatto che tutti amano le persone gentili. Sulla base di questo presupposto, credono di essere le persone più belle, amorevoli, disponibili ed empatiche in circolazione. Nessuno, nella loro testa, può essere più gentile di loro.

Questa tipologia di genitore metterà da parte i bisogni dei figli per aiutare amici, vicini ed estranei allo stesso modo. Se il bambino esprime il desiderio che il genitore sia più coinvolto nella sua vita, questi lo accuserà di egoismo per il solo fatto di avergli chiesto di trascorrere più tempo con lui anziché di aiutare sempre gli altri.

Spesso, i figli di genitori narcisisti comuni iniziano a comportarsi mostrando poca attenzione ai propri bisogni finendo, invece, per mettere i bisogni degli altri prima dei loro. Il risultato finale è che un bambino impara a non esser in grado di stabilire confini personali e comincia ad esser sistematicamente sfruttato da amici e coetanei.

Questa tipologia di genitore ha continuamente bisogno di essere riconosciuto come altruista e generoso.

Le caratteristiche principali di un genitore narcisista comune sono:

- Il genitore comune apparirà come un tipo di genitore molto coinvolto all'esterno ma sarà, invece, tremendamente negligente a casa...se non per ottenere supporto emotivo. Spenderà tutte le proprie energie unendosi ai club più disparati, frequentando la chiesa, organizzando feste, ecc. ma non avrà mai tempo per i figli e li trascurerà emotivamente.

- Parlerà apertamente di eventuali sacrifici finanziari che ha intrapreso a scopo di beneficenza e menzionandone apertamente gli importi.

- Continuerà a sostenere la propria generosità sminuendo costantemente i figli in quanto egoisti perché pretendono qualcosa.

2.2 Madri Narcisiste

Il legame di un bambino con la sua mamma è ciò che determina lo stile di attaccamento per tutta la durata della sua vita.

Se il bambino, durante il proprio sviluppo, crescerà in un ambiente familiare **sano,** diventerà un bambino **emotivamente sano**. In caso contrario, il bambino soffrirà di ansia e problemi di bassa autostima. Un bambino, generalmente, impara a "legarsi" e ad instaurare rapporti sul modello relazionale (modello di attaccamento) avuto con sua madre.

Come saprai, le madri sono responsabili di essere la figura di riferimento primaria del bambino nella maggior parte dei casi. Validano il dolore dei loro figli, si prendono cura dei bisogni e dei desideri del bambino, si sintonizzano sulle loro emozioni e cercano di fornire al bambino un sano attaccamento.

Quando, però, una madre offre al suo bambino imprevedibilità e lo accudisce contaminando l'educazione da forme di violenza psicologica, il bambino ne risente fino al punto di poterne patire le conseguenze per tutta la sua vita. La maggior parte dei figli di genitori narcisisti crescono in un ambiente familiare disfunzionale per via delle dinamiche caratteriali di uno o entrambi i genitori trovandosi in situazioni pericolose ed alla lunga diventando incapaci di distinguere tra condizioni sane e condizioni non-sane.

Una madre narcisista potrà causare danni immensi ai figli manifestando uno o più comportamenti pericolosi che ti elencherò qui di seguito.

Vergogna tossica

La vergogna tossica è una delle tecniche più comuni utilizzate dalle madri con Disturbo Narcisistico della Personalità che ha la funzione di impedire ai loro figli di **costruire** una forte autostima ed una sana identità. Poiché i genitori con DNP hanno bisogno che i loro figli siano continuamente sotto il loro controllo, sentono la necessità di assicurarsi che il bambino non diventi mai abbastanza indipendente per avere la sicurezza che lui continuerà a vivere secondo le loro condizioni.

La madre narcisista, quindi, cercherà di allontanarlo dagli amici, lo influenzerà nella scelta delle relazioni, magari sovente impedendogli subdolamente determinati contatti, metterà bocca relativamente agli studi, deciderà il suo stile di vita, sceglierà il tipo di abbigliamento, ecc.

E c'è di peggio mio caro lettore: questo atteggiamento dispotico sfocerà in messaggi subliminali secondo i quali lui non sarà mai abbastanza per gli altri e per il mondo, marchiandolo, così, in modo devastante.

Il confronto

Una madre con DNP cerca sempre di fare paragoni inopportuni tra i suoi figli e i loro amici. Metterà, in caso, i fratelli l'uno contro l'altro continuando a confrontare apertamente quello considerato **brutto anatroccolo** con l'altro ed i suoi coetanei.

Cercherà di invalidare la loro autostima sottolineando quanto gli altri siano più belli, più intelligenti, più amichevoli e disponibili di loro. Insomma, vive ed "educa" con l'intenzione di creare un ambiente di costante **confronto drammatico**.

Di conseguenza, il bambino svilupperà una bassa autostima e valuterà il proprio valore sempre in termini di confronto con il valore, migliore per lui, di quelli che lo circondano.

Il Possesso

Una madre con DPN tratterà i suoi figli come oggetti. Dirà loro come comportarsi rimproverandoli continuamente e facendoli sentire in colpa per eventuali forme di imbarazzo. Che comunque sono prive di fondamento e tutte nella sua testa. Mostrerà in pubblico eventuali successi dei suoi figli, trattandoli però con disprezzo e critiche ingiuste all'interno dell'ambiente familiare.

Il comportamento disfunzionale

Una madre con Disturbo Narcisistico della Personalità non rispetta mai i confini dei suoi figli. Il bambino si trova, così, a dover continuamente lottare per individuarne qualcuno in quanto non gliene è mai stato insegnato il valore. Questo si traduce in età adulta come lasciapassare per chiunque. In sostanza, chiunque potrà fargli quello che vuole e pretendere qualsiasi cosa.

La madre, inoltre, si abbandonerà a comportamenti meschini mettendosi continuamente in competizione con il figlio ma, allo stesso tempo, pretenderà che lui sia l'unico responsabile del soddisfacimento dei suoi bisogni. In inglese, questo comportamento si definisce "**parentification**" e non c'è un termine esatto per renderlo in italiano. Ti basti sapere, appunto, che il figlio si troverà ad essere costantemente responsabile dei bisogni emotivi della madre.

Non avrà rispetto per la privacy e l'autonomia dei figli e si sentirà autorizzata a vietare loro di chiudere le porte, ad entrare senza bussare, li spierà, leggerà e guarderà le loro cose personali e vorrà conoscere ogni dettaglio delle loro amicizie e delle relazioni sentimentali.

Li crescerà anche punendoli per aver mostrato segnali di indipendenza e maturità arrestandone così la crescita personale quando loro dimostrano di esser pronti a "spiccare il volo". E cosa assi violenta, li punirà se scoperti ad esplorare la loro sessualità con la devastante conseguenza di "castrarli" sessualmente.

L'ossessione per le apparenze

Le madri narcisiste hanno la patologica ossessione di mantenere una buona immagine per gli estranei. Curano attentamente i loro atteggiamenti seguendo quei comportamenti che sono socialmente accettati e valutati come eccellenti capacità genitoriali. All'esterno, appaiono generalmente come dolci ed amorevoli ma a casa sono totalmente diverse.

Sono in eterna competizione con i figli e ne abusano spesso sia emotivamente che fisicamente. Ultimamente sono stati segnalati casi, in numero significativo, di madri narcisiste che sono anche arrivate al punto di abusare sessualmente dei loro figli.

All'esterno, vogliono essere validate come buone madri ma intimamente non sentono l'istinto di maternità. Adorano mettere in mostra i figli, come se fossero oggetti appunto, ma non si prenderanno mai cura dei loro bisogni. Tutto ciò che gli altri percepiscono all'esterno è semplicemente mera apparenza.

Quando una madre narcisista ha importanti mezzi economici, farà di tutto per assumere qualcuno che sia in grado di badare ai figli, ovviamente sempre sotto la sua sorveglianza. È generalmente anaffettiva e tendenzialmente considera i figli come un peso.

La rabbia

La madre narcisista vuole sempre avere ragione. Quando percepisce minacce al proprio ego per delle critiche magari anche motivate, può manifestare impeti di rabbia, alle volte anche molto violenti. Quando il bambino non riesce a soddisfare le sue aspettative, può dare luogo ad esplosioni emotive molto intense.

Spesso, dopo questi violenti attacchi di rabbia non si esclude che possa tornare immediatamente a lusingare il figlio con il ben noto love-bombing, per ripristinare immediatamente l'equilibrio del controllo.

Un atteggiamento di questo tipo può esser molto pericoloso per chi vive con una persona narcisista. A maggior ragione per un figlio. Quest'ambivalenza improvvisa può confondere il prossimo facendogli interiorizzare la colpa e confondendolo enormemente. Il figlio può difatti interiorizzare questi impeti violenti decodificandoli come principali cause delle sue inadeguatezze.

Vivere con un genitore narcisista equivale a camminare sui gusci d'uovo. Ci si trova calati in quella costante sensazione di incertezza che rende il rapporto complicato e ci si sente sempre incerti sul come comportarsi per paura di commettere errori potenzialmente idonei a scatenare una terrificante rabbia repressa.

L'abuso emotivo

Una madre narcisista ha a propria disposizione un'ampia varietà di strumenti attraverso cui manipolare i figli ed abusarne emotivamente. Ai suoi occhi, tutto deve essere perfetto, non sono ammessi errori da parte dei figli e tutto quello che lei dice **deve essere fatto**. Quando e se un bambino reagisce al comportamento ingiusto della madre, verrà invalidato e confuso (gaslighting).

Esempio

"Non l'ho mai fatto. Oppure, se ho fatto quello che tu mi stai rimproverando è perché ti sei comportato male, sei stato come al solito egoista! Nessun altro bambino parla con il proprio genitore in questo modo, non azzardarti a farlo ancora".

In questo dialogo, ovviamente estremamente semplificato, come potrai notare c'è tutto. Il gasligting quando la madre nega di averlo fatto. L'invalidazione quando, pur ammettendo in parte quel determinato comportamento, dà la colpa al figlio tacciandolo di esser egoista. E il confronto con gli altri bambini quando gli dice che nessun altro si comporta come lui.

Questi sono parte dei suoi strumenti standard per esimersi da ogni colpa e far sentire responsabile il figlio. La strategia più comune di una madre narcisista, alla fine, è semplicemente quella di confondere il figlio sul fatto che l'abuso emotivo non accade realmente e che le emozioni del bambino sono frutto della sua fantasia. Non mi dilungherò adesso su questo aspetto perché le dinamiche presuppongono conoscenze piuttosto serie della psicologia umana che non possono e non debbono esser affrontate in un libro divulgativo. Accontentati in questa sede di comprendere il fatto che i bambini, in ogni circostanza nella quale le cose non vanno come vuole la madre, vengono tacciati per insensibili e li si incolpa di reagire in modo eccessivo.

In conclusione, una madre narcisista va contro ogni convinzione ancestrale di quell'istinto materno che costituisce il fondamento del modello di attaccamento genitoriale sano e che piò causare un danno immenso ai suoi figli.

2.3 La relazione tra una madre narcisista e suo figlio

Come avrai capito, la relazione tra una madre che soffre di DNP e suo figlio è molto complicata. E poiché gli uomini sono più inclini ad avere difficoltà nell'esprimere i propri sentimenti, questo proprio per natura, dopo esser stati allevati da una madre narcisista possono uscirne letteralmente devastati.

Secondo i principali terapeuti, è molto più difficile per un uomo adulto, cresciuto in un ambiente come quello che stiamo descrivendo, intraprendere un percorso di crescita con l'obiettivo di rielaborare determinati traumi e guarire poiché trovano difficile avvicinarsi e completare un percorso di guarigione per via del fatto che non riescono a gestire bene i propri sentimenti.

Senza il giusto aiuto, possono purtroppo soccombere in modo molto serio nei confronti di quegli effetti che derivano da esperienze di un certo tipo e che possono emotivamente invalidarli per tutta la vita.

La dinamica della relazione tra una madre narcisista e suo figlio può spaziare su tre dimensioni principali. Vediamole.

Il bambino d'oro

Molte madri con disturbi narcisistici trattano tendenzialmente il loro figlio come un bambino d'oro. Lo lodano in continuazione quasi fosse una specie di devozione. Lo lodano per il suo aspetto, per il suo talento e per i suoi successi scolastici. Più avanti, sicuramente per quelli accademici e professionali se ci saranno.

Di risposta, durante la crescita, il bambino crescerà cercando di rimanere sul "piedistallo" per continuare ad essere ciò per cui sua madre lo ha ammirato in passato perdendo di conseguenza il contatto con il suo "vero se" interiore.

Durante il suo percorso di crescita, per essere continuamente considerato come il figlio prediletto, dovrà necessariamente sottomettersi alla volontà e all'opinione di sua madre. Solo in questo modo potrà essere continuamente elogiato.

Si creerà quindi un legame patologico di scambio attraverso il quale il bambino darà sostegno emotivo alla madre in cambio di devozione assoluta che contribuirà a costruire quel "falso se" di superiorità e orgoglio che funzionerà da caposaldo della sua condotta futura. Va detto, comunque, che, livello subconscio, lui è consapevole dei giochi mentali della madre. Però in un certo senso gli fanno comodo.

Questo tipo di relazione è come un'altalena. Da una parte il figlio che viene continuamente lodato. D'altra una madre che gli impedirà di diventare troppo grande, criticandolo, una volta acquisito il totale controllo, per aver sbagliato nell'averlo tenuto "con i piedi per terra". Questa costante oscillazione tra "pompare" il suo ego e "l'evirazione emotiva" lo manterrà dipendente da lei.

Le madri narcisiste, spesso, quasi sempre, attraversano appunto i confini emotivi dei propri figli. Vogliono che i figli soddisfino tutti i loro bisogni emotivi. Quando e se la madre avrà un partner romantico, questi prenderà sempre un posto in secondo piano rispetto al figlio.

Potrà sicuramente colpirti quello che sto per scrivere ma tieni presente che una madre narcisista potrebbe mostrare anche forme di affetto imbarazzanti agli occhi dei più adottando nei confronti del figlio modelli di "abbracci, sfioramenti e baci" estremamente scomodi e spesso lontani da quanto sia effettivamente accettabile. A volte, potrebbe anche flirtare con lui.

Come avrai capito, questo attraversamento dei confini può provocare in seguito, anzi le provoca sicuramente, immense sofferenze. In sostanza, al figlio non è consentito crescere in modo adeguato all'età in termini di relazioni e crescita emotiva con la conseguenza che il bambino crescerà con un'autostima che gli deriverà solo dall'opinione degli altri.

Lo lodi? Si sente sicuro e forte. Lo critichi? Sei la sua più grande nemica. In poche parole, non sarà un individuo risolto.

Soffrirà sicuramente anche nei rapporti con le donne. La madre narcisista, generalmente, tende a rifiutare e critica ogni donna con cui esce il figlio sostenendo che non è abbastanza brava per lui. Considera il figlio di sua proprietà e, in circostanze del genere, si sente minacciata dalla presenza di un partner romantico nella vita di suo figlio.

Una donna che riesce a restare in questa specie di "territorio" sarà soggetta a traumi, abusi e ad una battaglia crudele e senza fine.

Nel corso degli anni, i figli tendono comunque a rendersi conto che qualcosa non va, anche se tutto è nascosto nel loro subconscio e ha difficoltà ad emergere se non canalizzato con l'aiuto di un professionista esperto. Da un lato, la loro madre li ama, però li trattiene, non li lascia andar via, non permette loro di spiccare il volo emotivamente.

Questi adulti non ancora cresciuti subiscono continui conflitti emotivi e reprimono la rabbia perché consapevoli che la loro madre è la sola ed unica responsabile della distruzione delle loro relazioni. Si sentono, in un certo senso, traditi da quella che avrebbe dovuto essere la figura più importante della loro vita.

Trattenendo però tutto nel subconscio e non sfogando questa rabbia repressa, la indirizzano verso altre donne. In che modo? Diventando donnaioli, reificando le donne, mostrando chiari tratti di co-dipendenza ed esternando rancore e frustrazione.

Il capro espiatorio

Questo è uno scenario con una dinamica molto comune nel quale la madre narcisista si accanisce e ferisce il **capro espiatorio.**

Il capro espiatorio è il brutto anatroccolo della situazione, una Cenerentola maltrattata ed ingiuriata molto frequente in quegli ambienti familiari dove ad un fratello viene assegnato lo "status" di bambino d'oro. Così, mentre il bambino d'oro non fa mai nulla di sbagliato, il **capro espiatorio**, agli occhi della madre, al contrario, non fa mai nulla di giusto.

Lui cerca di fare sempre tutto bene, fino all'ossessione, in quel cronico stato di passeggio sui gusci d'uovo. E prima di intraprendere qualsiasi azione, prega per ricevere l'approvazione della madre. Quando tutto ciò non funziona, agisce per attirare la sua attenzione.

È affamato, in modo assolutamente inconsapevole, delle sue cure, positive o negative che siano.

Lei, d'altro canto, è crudele con il figlio **capro espiatorio**. Lo critica in ogni occasione e l'abuso verbale non conosce limiti.

Parole come stupido-inutile e frasi dispregiative quali "sei troppo cretino per essere mio figlio", "vorrei che tu fossi morto", "non sei in grado di fare niente di giusto" ecc. sono molto comuni in queste dinamiche.

Viene spesso preso in giro relativamente alla sua virilità, al suo aspetto fisico e alla sua mascolinità in caso sia maschio, femminilità nel caso sia donna.

Questo gli comporta enorme confusione perché pur detestando intimamente sua madre, desidera ardentemente amarla ed esserne ricambiato e questo desiderio lo tiene in un circolo abusivo che non finisce mai.

Frequentemente, molti di questi figli finiscono nei guai a scuola, cercano di scappare di casa oppure diventano delinquenti. Nelle relazioni personali, invece falliscono perché la madre non si esime mai dal fare commenti negativi su di loro di fronte a qualsiasi potenziale partner romantico generando enorme insicurezza.

Comunica al potenziale partner romantico che suo figlio ha seri problemi di rabbia, è violento e che sarebbe meglio che lei se ne andasse. In sostanza, cerca sempre e comunque di rovinare le sue relazioni.

L'abuso è così profondo che il figlio, spesso, può risentirne per tutta la vita.

Potrebbe avere una relazione con una donna violenta perché lo considera ragionevole, conoscendo molto bene il maltrattamento, oppure avere una relazione con un partner amorevole allontanandola perché convinto di non essere degno di amore.

Il figlio invisibile

Il figlio invisibile è proprio questo, un figlio che la madre "non vede".

In questo scenario, la madre non ha alcun istinto materno e ignora il figlio. Non sarà né gentile con lui né cattiva. Semplicemente, lo tratterà come se lui non esistesse. E non fingerà nemmeno che gliene importi qualcosa.

Ti starai domandando come questo sia possibile. Perché una madre si comporta in questo modo? Perché per lei suo figlio rappresenta una difficoltà rovinando la sua quotidianità. Così, cerca di minimizzare la sua presenza.

Questa tipologia di "figlio" sarà costretta a crescere prima di tutti gli altri suoi coetanei perché necessita di prendersi cura dei propri bisogni il prima possibile. Dovrà badare a sé stesso molto prima di bambini anche anni più grandi di lui.

Sono figli trascurati, non amati e lasciati lì, in balia di una vita che, per loro, ha deciso così. Vivere un simile abbandono in giovane età fa crescere individui che credono di aver sbagliato o di aver fatto qualcosa di imperdonabile per essere stati trattati in questo modo.

L'unica persona che dovrebbe amarlo non lo ama. Tutti dovrebbero essere amati incondizionatamente da una mamma. In questi casi, purtroppo, non succede e le ripercussioni derivanti da un trauma così violento, possono lasciare segni per tutta la vita sgretolando la psiche in modo piuttosto serio.

A peggiorare le cose, poi, ci si mette il fatto che la madre, in quei rarissimi barlumi di istintualità, sostiene il figlio solo a seguito di eventi che la fanno apparire bella. La sua immagine è tutto ciò che conta di più ed a volte arriva anche ad assumersi la responsabilità del suo merito relativamente ad eventuali successi ottenuti. Potrebbe, per esempio, non esser a conoscenza del fatto suo figlio gioca a calcio, ma se per caso viene a sapere che lui è diventato il capitano della sua squadra, si vanterà di come solo grazie al suo sostegno e al suo duro lavoro lui è riuscito ad arrivare fino a quel punto.

A lei non importa affatto cosa fa suo figlio. L'importante è che stia fuori dai piedi e faccia star bene le madri.

Simili scenari, sono comunque tutti molto pericolosi per la crescita del bambino.

Un'eventuale guarigione da abusi materni di questo tipo richiederà un duro lavoro. La buona notizia è che il recupero non è affatto impossibile.

Si dovrà lavorare sulla validazione di quelle emozioni e di quei sentimenti che sono stati repressi per troppo tempo e che, adesso, hanno solo bisogno di essere compresi e gestiti. Aver fiducia in un percorso di cambiamento è il primo passo da fare e mantenere ferma la volontà in questo farà tutto il resto.

2.4 La relazione tra una madre narcisista e sua figlia

La mamma è la prima persona con cui veniamo in contatto nel mondo. Anzi, il legame con una mamma comincia addirittura prima della nascita, nel suo grembo.

In un certo senso è lei che ci introduce alla vita, ci mostra cosa essa ha da offrirci e ci insegna come crescere.

Quando tutto va bene, lei diventa la nostra coperta di sicurezza. È un'ancora di salvezza e di sostegno, almeno per gran parte di quel periodo che va dalla nascita all'adolescenza. Tuttavia, come abbiamo già detto, non sempre una madre narcisista riesce ad entrare in empatia con il figlio e questo per una figlia può comportare seri problemi perché, come saprai, è noto che le figlie trascorrono la maggior parte del tempo con le loro madri.

Una madre con Disturbo Narcisistico di Personalità, nel rapporto con la figlia, non può separarsi emotivamente da lei e vederla come individuo unico che merita di essere amato. La relazione tra figlia e madre narcisista combatte con i problemi che andremo ad esplorare adesso qui sotto.

Assenza di confini

La relazione che si instaura tra una mamma e i suoi figli è diversa a seconda che si tratti di figlio maschio o femmina. Le ragazze, come detto sopra, trascorrono più tempo con le loro madri di quanto fanno i ragazzi. Così, mentre i padri sono più un modello per i loro figli, le madri lo sono per le figlie.

Andando nel concreto, una madre narcisista vede sua figlia non solo come uno strumento in grado, grazie ad un'attenta e mirata manipolazione, di rafforzare il suo ego ma anche come una minaccia. Usa la figlia come un mezzo per creare un senso ideale di sé.

La critica ed in un certo senso le chiede, ovviamente implicitamente, di essere quella versione di sé che lei non ha mai potuto e mai potrà essere. Dulcis in fundo, le trasmette anche aspetti negativi della propria personalità come ad esempio l'egoismo, la freddezza ed il cinismo.

L'abuso

La madre narcisista controlla ripetutamente sua figlia e tende a farla vergognare davanti agli altri. Ciò può generare un'immensa insicurezza. Così, di riflesso, la figlia, pensando che sua madre non è contenta ed orgogliosa di lei, non riuscendo ancora a gestire le proprie emozioni, comincia ad incolparsi da sola.

Purtroppo, la bambina non sa che sua madre non potrà mai essere contenta di lei, qualunque cosa faccia.

Inoltre, una madre con una personalità di questo tipo, cerca spesso, ed automaticamente, collaborazione in personaggi **passivi** al solo scopo di mantenere il controllo. Il padre, quindi, è un soggetto mansueto che sta al suo posto, quasi in secondo piano e non sarà MAI in grado di proteggere la figlia da abusi di un certo tipo.

La figlia di una madre narcisista, generalmente e con ogni probabilità è un soggetto indifeso ed incapace di riconoscere qualsiasi tipo di maltrattamento.

Indisponibilità emotiva

Una madre, naturalmente, è la figura genitoriale preposta al nutrimento e ad offrire conforto e vicinanza.

Purtroppo, però, le madri narcisiste, pur curando i bisogni fisici della figlia, ignoreranno invece quelli emotivi. Così, succede che la figlia si sente confusa perché da un lato, sente la vicinanza e le cure di sua madre ma dall'altro intuisce e pensa che le manchi qualcosa.

Di conseguenza, si sentirà naturalmente spinta a cercare in altre relazioni, come amicizie o relazioni amorose, il conforto che le manca all'interno dell'ambiente familiare. Non avendo però imparato il valore di un rapporto sano in cui sono ben distinti i confini emotivi finirà per costruire relazioni problematiche con personalità particolari e tendenzialmente patologiche.

Minaccia e competizione

Un'altra delle dinamiche più frequenti nel rapporto narcisistico tra una mamma e la propria figlia poggia sulla competizione. Le madri narcisiste vedono le proprie figlie come una costante minaccia e saranno eternamente in competizione con loro sia per ricevere le attenzioni più futili da persone esterne al nido familiare sia per ottenere l'amore del marito e di un eventuale figlio (fratello). Non sono in grado di riconoscere che una relazione padre - figlia e fratello - sorella è sicuramente separata sia nel tipo di legame che nell'intensità dello stesso dalla relazione marito - moglie e madre - figlio. È molto probabile, relativamente a questo aspetto, che una madre con Disturbo Narcisistico della Personalità sopravvaluti sia il suo aspetto naturale che la sua sessualità.

Interiorizzano spesso la misoginia e vedono tutte le altre donne come una minaccia. Di conseguenza, anche una figlia viene solitamente trattata con invidia, gelosia e attacchi di rabbia improvvisa.

Criticherà sua figlia per il suo corpo e per il suo aspetto minandola nella sicurezza e nell'autostima e invaderà spesso i suoi confini instaurando conversazioni scomode sul sesso che vanno ben oltre il limite di una discussione educativa.

Insegnerà a sua figlia che una donna vale fondamentalmente per le sue capacità di soddisfare sessualmente gli uomini e potrà anche cercare di sedurre gli amici di sua figlia in questo costante e distruttivo vortice di competizione. Quest'ultimo tratto si palesa molto spesso in quegli individui che oltre al narcisismo manifestano anche tendenze istrioniche.

Al contrario, nelle culture in cui la sessualità è un tabù, la madre controllerà la sessualità di sua figlia e la punirà per ciò che lei considera un elemento scomodo (il sesso). In queste situazioni, gli negherà quindi la conoscenza del sesso e del suo corpo omettendo o amplificando determinati particolari come, ad esempio, l'esistenza del ciclo mestruale e finendo per spaventarle a morte quando esso si presenterà all'improvviso.

Tutto quello che abbiamo sino ad ora trattato equivale ad una sola ed unica cosa: minare la loro sicurezza per mantenere il controllo.

Il controllo

Una madre narcisista controlla continuamente la vita di sua figlia e la punisce senza pietà nel caso in cui lei non si attiene alle sue decisioni ed ai suoi ordini. Tutto deve essere sempre fatto a modo suo.

Vorrà che sua figlia vesta ed agisca sempre secondo la sua volontà e controllerà continuamente le sue frequentazioni, il suo tempo libero e le scelte lavorative e di formazione. In sostanza, alla figlia verrà negato il diritto umano universale di fare delle scelte per sé stessa ed allo stesso tempo imposta eterna gratitudine.

Per concludere, possiamo sicuramente dire che la relazione tra una madre narcisista e la propria figlia, è una relazione nella quale la madre cercherà di plasmare la figlia relativamente a tutto ciò che lei avrebbe voluto essere e, fino a quel momento, non è mai stata, soffocandone pericolosamente l'individualità.

2.5. Padri narcisisti

Pensare che il proprio padre possa essere un narcisista è difficile per tutti. Sembra, anzi, che nessuno abbia voglia di accettarlo, come se fosse un qualcosa di totalmente innaturale. Quello che posso dirti caro lettore, è che circa l'1% della popolazione mondiale, ed ogni giorno il numero in termini percentuali sembra aumentare sempre di più, soffre di un disturbo narcisistico della personalità e, sfortunatamente, una famiglia su cento, in media, è destinata ad avere un padre narcisista al proprio interno.

Questi numeri sono sicuramente preoccupanti ma in questa sede, quello che a noi interessa comprendere, è che tutto ciò può avere un impatto drammatico sui bambini. Molti di loro, infatti, crescono lottando con problemi di autostima, depressione, ansia, problemi di co-dipendenza, ecc.; non si trovano in queste situazioni solo a causa delle loro azioni. Almeno più della metà del dolore che questi individui sono costretti ad affrontare è dovuto infatti alle persone che per loro "dovrebbero" essere importanti. E la persona che infligge loro dolore, generalmente, non è cosciente delle proprie dannose azioni, in un certo senso non le vede per quello che realmente sono. Anzi, è estremamente a suo agio nel giustificarle a sé stesso poiché troppo assorbito da quel conflitto interiore che gli rende difficile pensare di sbagliare.

Devi tenere presente che molti giovani adulti iniziano a mettere in discussione il loro passato solo quando si trovano davanti ad un ostacolo molto importante nella loro vita. Se hai deciso di acquistare questo libro, probabilmente capirai cosa ti sto per dire. Supponiamo che tu abbia circa venticinque/trent'anni. Ora, mentre i tuoi amici si realizzano, creano relazioni sane, lunghe e durature, gestiscono con successo attività commerciali, hanno buoni posti di lavoro oppure considerano con metodo ed abnegazione studi in scuole od università di specializzazione, tu sei lì, impantanato nelle tue insicurezze, incapace di fare le cose più semplici.

È proprio in momenti come questi che ti ritrovi a guardare indietro nella tua vita e a chiederti se ci sia qualcosa di sbagliato nella tua educazione.

Perché non riesci a creare un qualcosa di stabile? Perché non riesci ad avere relazioni tranquille? Perché non sei ancora in grado di capire quale sia il tuo posto nel mondo?

Se può consolarti, caro lettore, già il fatto che te lo stai chiedendo è un chiaro segnale di potenziale cambiamento. Ma facciamo un piccolo passetto indietro: in primo luogo, tieni presente che ognuno di noi cresce con i propri ritmi e, per questo, il tuo viaggio, forse, è solo all'inizio. Credimi, non è assolutamente un caso, la riflessione è il primo GRANDE passo verso la guarigione.

Ma torniamo a noi! Durante questa profonda riflessione, potresti ritrovarti a guardare indietro all'uomo che ti ha cresciuto: tuo padre. Lui, scommetto che era sempre il signor "sicuro di sé" vero? Riflettici, al di fuori, che immagine aveva? Come veniva considerato?

Scommetto che era affascinante, incredibilmente popolare, apparentemente stimato e pieno di successo. Sembrava anni luce lontano da te caratterialmente, non aveva un solo momento di insicurezza, o almeno era questo che ti trasmetteva. Perché tu non riesci ad essere simile a lui? Ti stai chiedendo questo vero?

Forse, anzi sicuramente, ancora non sei così avanti nel tuo percorso per comprendere che TUTTO QUESTO CHE TU PENSI è semplicemente QUELLO CHE LUI ERA PER GLI ESTRANEI. A casa, invece, tra le quattro mura in cui tu hai passato gran parte del tuo tempo con lui, la storia era leggermente diversa vero? Sembrava arrogante ed essere non proprio ciò che gli altri pensavano che fosse giusto? Probabilmente, come figlio, ti sarai anche rimproverato per non essere riuscito a vederlo come lo vedevano gli altri. E magari avrai anche pensato di essere egoista. Non è così, lui, tuo padre, era esattamente quello che tu hai visto dentro casa. Tu non hai niente che non va. Lui, è stato semplicemente molto bravo ad indossare una maschera quando era al di fuori del vostro ambiente. Ed altrettanto violento nel togliersela quando era con te. Tu sapevi, vedevi e "sentivi" qualcosa di tuo padre che il resto del mondo non vedeva ma eri troppo debole per comprenderlo fino in fondo. Tuo padre era un narcisista.

Eccoti alcuni tratti che potranno aiutarti ad identificare un padre narcisista:

- È estremamente vanitoso ed egocentrico. Ha un eccessivo senso di importanza personale e crede veramente di essere superiore e di avere diritto a tutto quello che di "migliore" il mondo ha da offrire.

- Non ha autocontrollo o coscienza quando si tratta di usare le persone a suo vantaggio. Sfrutta e manipola le persone e si aspetta che tutti soddisfino i suoi capricci e le sue fantasie.

- È sempre super carismatico. Ne è cosciente ed è uno dei motivi principali grazie al quale può sfruttare le persone. Agisce sul presupposto del suo "fascino" perché sa di poter incantare chiunque e fargli fare qualsiasi cosa.

- Ama essere sotto i riflettori e adora il feedback positivo che riceve quando è al centro dell'attenzione.

- Non conosce limiti quando si tratta di fantasie di successo, potere e brillantezza ed amplifica spesso i suoi successi ed i suoi risultati. Esempio: chiama più volte il suo capo per invitarlo a cena ma alla gente racconta il contrario. Racconta di quanto sia stato pressante il capo per averlo a cena ed offrirgli una promozione e di come lui abbia rifiutato dicendogli di voler mantenere un equilibrio tra vita privata e lavoro. In sostanza, la sua grandiosità è sempre allettante per gli altri ma dovrebbe esser delirante per te (almeno quando avrai capito quali meccanismi lo governano).

- È incapace di gestire le critiche. Se si sente criticato, o messo in discussione, invece di riflettere intimamente, taglierà semplicemente quella persona dalla sua vita e cercherà di ferirla di proposito.

- Ha attacchi di rabbia violenti e improvvisi. Generalmente, gli individui centrati perdono la pazienza occasionalmente. Lui, invece, la perde spesso e soprattutto quando la situazione non lo giustifica. In questi momenti può diventare pericoloso e fare del male ai figli.

- Sembra, anzi è, emotivamente non disponibile. È freddo, distaccato e quasi incapace di riconoscere i sentimenti (sia i suoi che quelli degli altri). La sua mancanza di empatia è disumana. Non ne comprende il concetto ed ignorerà sempre il modo in cui si sentono gli altri invalidandolo fortemente. Pretende, però, che gli altri siano sensibili ai suoi sentimenti e lo accettino per quello che è.

- Un padre narcisista probabilmente è in giro molto spesso perché riceve più gratificazioni dagli estranei che lo conoscono per quello che è davvero. Desidera spesso nuove esperienze. Desidera nuove eccitazioni ed è più preoccupato per ciò che gli altri pensano di lui di quanto pensino sua moglie e i suoi figli.

- Passa del tempo con qualcuno solo quando gli conviene. Se gli altri hanno bisogno di qualcosa, lui c'è solo nella misura in cui gli può far comodo. Altrimenti è distante. Eventuali attività svolte assieme a qualcuno comprendono solo cose che interessano a lui.

- Cerca sempre di assicurarsi che l'altro sia qualcuno di cui può vantarsi all'esterno, magari con i suoi amici o i suoi parenti. Il suo unico investimento sul prossimo è relativo al fatto di farlo sembrare bravo e dargli un ritorno in termini di carburante emotivo.

- Provvede ai figli solo in modo materiale facendoli crescere con quel senso di privazione fondato su mancanza di affetto e carenza di attenzioni che vengono somministrati in modo discontinuo e sporadico.

Un padre che soffre di un Disturbo Narcisistico della Personalità, generalmente, ha poca considerazione per i confini dei figli e tende anzi a manipolarli.

Li punisce trattenendo l'affetto e facendoli sentire trascurati. Questo, per un figlio, può portare a conseguenze molto serie. Il figlio, infatti, si trova a dover spesso rinunciare alla propria felicità per soddisfare i desideri del padre. Però, anche in questo caso, proprio come già visto per ciò che riguarda la madre narcisista, con il tempo si può guarire. E più avanti cercherò di fornirti qualche spunto in proposito.

2.6 La relazione tra un padre narcisista e suo figlio

La relazione tra un padre narcisista e suo figlio, nella migliore delle ipotesi, è una relazione tossica. Il padre lascerà annaspare il figlio per la maggior parte del tempo e metterà continuamente in discussione l'essenza del suo essere. Non capisce il concetto di età appropriata e critica il figlio piccolo dal momento in cui esso comincia a parlare.

Quando il bambino piange, gli verrà detto di smettere e di cominciare a fare l'uomo. Non gli verrà permesso di far uscire le emozioni che cominceranno purtroppo ad esser represse molto presto. Verrà etichettato come femminuccia e svergognato davanti ad altri alla prima occasione con rimproveri, svalutazioni ed alle volte, anche abusi fisici (schiaffi e calci).

Per un bambino piccolo tutto ciò è causa di enorme angoscia, non capisce cosa stia facendo di sbagliato e comincia ad interiorizzare il senso di colpa.

Tutte le sue emozioni vengono represse ed i sentimenti negativi come dolore e rabbia verranno nascosti per istinto di sopravvivenza e conservazione nel tentativo di mostrare forza e coraggio.

In età adulta, queste emozioni represse saranno una parte permanente del suo subconscio e verranno fuori spesso in modo estremamente distorto, non congruo alle situazioni e, a volte, decisamente violento e perverso.

Qui di seguito ti elencherò alcune dinamiche presenti in una relazione narcisistica tra padre e figlio.

Competizione

I padri narcisisti sono incredibilmente competitivi, anche con figli piccoli. Potrebbero esserlo in relazione alla forma fisica, oppure relativamente alla padronanza del linguaggio e della comunicazione od anche intellettualmente. Ed arrivano a palesarlo anche in modo piuttosto evidente. Ad esempio, possono arrivare fino al punto di ricordare i voti di quando andavano a scuola e confrontarli con quelli del figlio, anche se, come è logico pensare, il confronto appare inopportuno e privo di ogni senso.

Questa fastidiosa competizione viene esercitata continuamente fino a radicare nel subconscio del figlio il messaggio che lui non sarà mai abbastanza bravo e degno di come invece lo era il padre. L'arroganza e l'orgoglio, in questa situazione, la fanno da padroni e qualsiasi risultato positivo che il figlio raggiungerà verrà fatto passare come un merito del padre. Quelli negativi, al contrario, saranno tutti colpa delle azioni scellerate del figlio.

Inoltre, i padri narcisisti tendono ad indebolire e svalutare ogni iniziativa del figlio, collegandola ad un qualcosa di "scontato" e "previsto" come allacciarsi le scarpe. Come conseguenza di questi atteggiamenti, i figli inizieranno a vivere ogni realizzazione come un fallimento crescendo con grandi forme di insicurezza.

Pretese di rispetto

Il padre narcisista chiederà e pretenderà rispetto dal figlio anche quando questo non è dovuto. Non lo rispetterà ed assumerà nella maggior parte delle occasioni una posizione autoritaria nei suoi confronti.

Il suo stile genitoriale è spesso, anzi quasi sempre, una conseguenza del suo passato ovviamente. Purtroppo, però, determinate "consuetudini" educative verranno trasmesse anche al figlio senza soluzione di discontinuità.

I bambini dovrebbero essere visti, non ascoltati. Un padre narcisista, invece, è consapevole del potere e del controllo che ha sul figlio e questa consapevolezza ne fa emergere il lato peggiore. Il figlio viene visto con estensione di sé. È uno strumento di auto-affermazione. Una valvola di sfogo sulla quale sfogare ogni frustrazione derivante dal suo passato.

Tecnicamente, posso dirti che un padre narcisista, sapendo che il bambino non avrà altra scelta che quella di vivere con lui, sarà spietato e scatenerà su di lui tutta quella rabbia repressa che ha accumulato in passato, probabilmente nelle sue precedenti dinamiche familiari, senza preoccuparsi del dolore e del tumulto emotivo che gli potrà procurare.

Servitù

Un padre narcisista pretende di esser servito e riverito dal figlio. Lo chiamerà e lo disturberà in ogni momento e senza alcun rispetto dei suoi spazi per fargli eseguire tutti i suoi ordini e rispettare tutte le sue volontà.

Ad esempio, potrebbe pretendere le sue attenzioni quando, tornando a casa dopo una giornata di lavoro lo chiama solo e semplicemente per fargli mettere il cappotto dentro l'armadio. Anche se l'armadio è solo a mezzo metro di distanza.

È risaputo che un padre narcisista pretende rispetto degli ordini senza avere rispetto dei momenti del figlio e non mostrerà alcuna gratitudine in cambio. Il figlio deve fare, stando in silenzio, tutto ciò che gli viene chiesto ed è costretto ad ascoltarlo e a sedersi vicino a lui mentre il padre sbriga le sue cose.

Se il figlio, in un improvviso impeto di individualismo e orgoglio cerca di mettersi in gioco, si distrae o chiede qualcosa, il padre cercherà di rimetterlo al proprio posto facendolo sentire fastidioso ed inopportuno. Come conseguenza di questo, i figli di genitori narcisisti, tendenzialmente, crescono interiorizzando un senso di profonda vergogna sentendosi sempre in colpa di essere un peso verso tutte quelle persone che li circondano. Questa insicurezza profonda ostacolerà anche la capacità e la propensione ad avere attaccamenti e relazioni significative e sane.

Discorsi ridondanti ed interminabili sermoni

Il padre narcisista è notevolmente incline a professare la propria opinione su ogni argomento, anche su quelli di cui non conosce davvero nulla.

Darà spesso consigli non richiesti e carichi di assolute certezze dettando le regole della conversazione. Ed il figlio non avrà altra scelta se non quella di ascoltare e accettare ciecamente. Avrà difficoltà ad esprimere la sua opinione e la possibilità di controbattere sarà semplicemente fuori questione. In quelle rare occasioni in cui prova a far valere una qualche sua ragione, il padre si scatenerà su di lui con estrema rabbia.

Spesso, con il pretesto di una conversazione, un padre narcisista si lancia in discorsi interminabili che appaiono più come monologhi autoreferenziali e che sono privi di ogni idea di confronto. Tutto è unilaterale. Il padre parla, il figlio ascolta.

Ha una visione limitata del confronto, anzi, per lui non può proprio esistere e criticherà apertamente tutti gli altri uomini per puro sentimento di invidia definendoli "stupidi" e "mediocri", anche quando non sono direttamente in relazione con lui.

Micro-gestione

Il padre narcisista gestisce ogni aspetto della vita di suo figlio, specialmente quando si tratta di un hobby o di uno sport che, tradizionalmente, è considerato territorio di competenza maschile. In primis, cerca sempre e comunque di indirizzare le scelte del figlio verso aree di proprio interesse. Il figlio preferisce giocare a pallone? No, se a lui non piace e preferisce il nuoto, il figlio dovrà fare nuoto. E poi, qualora invece il figlio dovesse intraprende qualcosa di più vicino al territorio femminile (mettiamo che so, il pattinaggio artistico o la danza), allora lo criticherà sminuendone violentemente la scelta fino ad arrivare magari a punirlo con assenza, totale disinteresse e silenzio.

Quando l'opera di coercizione invece riesce, il padre si coinvolgerà fino al punto di assumere il totale controllo dell'azione facendo sentire il figlio come se la sua presenza fosse un qualcosa di totalmente irrilevante.

Questo scenario è uno di quelli in cui si palesano in modo evidente i limiti anaffettivi di un genitore narcisista. Il figlio viene difatti considerato una mera estensione e non un individuo con sentimenti, emozioni e bisogni propri.

Il gioco di potere

Un padre con Disturbo Narcisistico della personalità è estremamente autoritario. Mostra apertamente il potere e non tratta mai suo figlio da pari a pari.

Quando sono in pubblico, il padre è sempre davanti al figlio e non gli permette mai di camminare al suo fianco o davanti. Anche quando il figlio è un ragazzino, il padre non gli terrà mai la mano ed il figlio passerà il suo tempo a correre per cercare di raggiungere il papà.

Il rapporto padre narcisista-figlio è un rapporto fatto di continue battaglie e giochi di potere estenuanti, dove il figlio è la vittima assoluta ed il padre un carnefice senza sentimenti, incapace di comprendere l'effetto dannoso che un simile atteggiamento può comportare su di un ragazzo.

Per affermare la propria autorità ed instaurare il controllo, usa assegnare compiti inappropriati all'età del figlio. Sono generalmente lavori che suo figlio, con ogni probabilità, non è in grado di svolgere. Così, il figlio finisce per sentirsi frustrato, impotente ed arrabbiato per esser stato messo in una tale situazione. Non essendo però in grado di verbalizzare questa emozione, con il passare degli anni, costruisce un meccanismo di autodifesa subconscio che lo porterà a reprimere queste emozioni, rendendogli difficile quel percorso attraverso il quale dovrebbe esser guidato invece nella loro gestione.

Il figlio cresce disprezzando suo padre intimamente, a livello sub-conscio, non riuscendo ad imparare come verbalizzarlo. Con l'infausta conseguenza di reprimere la rabbia.

Le emozioni come segnale di debolezza

I padri narcisisti sono carenti di empatia, nei casi peggiori ne sono totalmente privi. Sono distaccati ed emotivamente non disponibili.

Quando si trovano ad interagire con il bambino piccolo ed hanno a che fare con le sue naturali emozioni infantili, possono apparire totalmente irrazionali ed esserne addirittura infastiditi e turbati.

I padri narcisisti interpretano ogni emozione del figlio come una debolezza e, di conseguenza, sono inclini a non considerarle o ad invalidarle. Questo processo può cominciare subito dopo la nascita del figlio.

Predisposizione al fallimento

Un padre narcisista si sente tremendamente minacciato da ogni possibilità di successo che suo figlio mostra potenzialmente di avere. Così, cercherà in tutti i modi di minarne il terreno predisponendolo al fallimento.

Questo meccanismo può insorgere anche durante l'infanzia e la prima adolescenza con la conseguenza che il figlio comincerà a credere di essere un totale incapace e smetterà quindi di intraprendere qualsiasi azione che sia potenzialmente idonea a far maturare determinati risultati (ad esempio anche il semplice appassionarsi fortemente ad un qualcosa).

Il bambino crescerà, così, temendo il fallimento, rifiutandosi di fare tutte quelle cose idonee a respingerlo ed invischiandosi in quelle che invece lo condurranno verso un misero auto-sabotaggio.

Questo tipo di relazione è tremendamente angosciante ed ha un impatto molto forte sulla maturazione psicologica del bambino. Man mano che il figlio cresce interiorizzando sentimenti di vergogna e colpa, si troverà ad avere problemi di cattiva gestione delle emozioni. La rabbia sarà repressa e spesso mal indirizzata proprio come naturale reazione ad un qualsiasi senso di colpa o vergogna che potrebbe provare.

Da adulto, non sarà in grado di esprimere alcuna emozione perché da piccolo ha imparato a reprimerle.

Man mano che cresce, non sarà in grado, se non adeguatamente supportato, di sradicare l'enorme risentimento che prova verso il padre. E, fin quando il padre sarà presente, il figlio adulto verrà maltrattato, deriso, reso dipendente per la convalida, e spesso per la sopravvivenza, e trattato come un oggetto.

Purtroppo, a causa di questo tipo di ambiente ed educazione, non è escluso che il figlio possa crescere sviluppando tratti di personalità narcisistica.

Generalmente, come già detto sopra, una figlia guarda spesso a sua madre come modello di riferimento mentre un figlio guarda a suo padre.

Quando e se un padre non soddisfa i bisogni primari dell'infanzia di un figlio, il suo sviluppo emotivo si blocca e il suo "sé" interiore comincia a modellarsi su quello del padre. Statisticamente, purtroppo, non si può escludere il fatto che figli di padri narcisisti possano crescere fino al punto di sviluppare tendenze all'abuso, non avendo radicata in loro quella realtà che avrebbe dovuto incidere nel loro "sé" più profondo l'armonia, la bellezza ed il candore di un amore sano.

Il modo in cui sono stati trattati durante la loro infanzia non lascerà spazio a quella sana intimità che costituisce il presupposto di ogni individuo centrato e risolto. Cresceranno spesso con tendenze violente perché pensano che l'amore sia un qualcosa di freddo, distaccato, stridente, controllante e non disponibile.

Proprio come era quello di suo papà. Ora, caro lettore, non fraintendermi per quello che stai per leggere. Ritengo però sia necessario sottolinearlo.

Il narcisista non ha colpe. Nessuno gli ha chiesto di nascere, nessuno gli ha insegnato a vivere. Ha semplicemente imparato a volersi male. Perché, probabilmente, nessuno gli ha mai voluto veramente bene. Ti chiedo quindi, amico mio, almeno di riflettere su questo. Un narcisista non va demonizzato. Può farti tanto male, lo so. Ma sappi che non è tutta colpa sua. Tu, ovviamente non meriti il suo male. Ma tutto quello che hai vissuto o stai vivendo, lui lo ha vissuto molto prima di te, ed anche peggio, quando era solo un bambino indifeso e senza colpe per essere venuto al mondo. Rifletti su questo quindi. Ma poi, fatti la tua vita...non demonizzarlo. Ma stanne lontano.

2.7 La relazione tra un padre narcisista e sua figlia

Relativamente al discorso padre narcisista-figlia, sfortunatamente, siamo in un campo di ricerca che ancora non ha ricevuto la quantità di attenzione che dovrebbe. Difatti, mentre lo studio del rapporto madre-figlia, madre-figlio e padre-figlio in cui il genitore è un narcisista è ampio, la dinamica padre narcisista-figlia è ad oggi quasi trascurata.

Questo perché le donne, in generale, sono spesso più in sintonia con il mondo che le circonda e si ritengono quindi responsabili dei sentimenti degli altri proprio come inclinazione naturale. Così, mentre una madre narcisista, come abbiamo già visto, può controllare il proprio marito o partner, impedendo loro di aiutare il figlio nell'evitare di subire abusi, il maltrattamento ed il danno procurato da un padre narcisista può essere molto sottile. E può esserlo principalmente a causa di due fattori. In primis, come abbiamo già accennato la figlia, per natura si ritiene più responsabile dei comportamenti di un padre rispetto ad un figlio. Poi, cosa molto importante rispetto alla dinamica madre narcisista-figlio/a, perché trova una grande alleata nella mamma.

Impara così ad appianare le cose anche se questo significa mettere a rischio la propria salute mentale e la madre la aiuterà nei momenti delicati, facendo in un certo senso da tampone emotivo e cercando di salvaguardare la sua autostima. Chiariamoci, la madre non andrà mai contro il padre. Però cercherà in tutti i modi di aiutare la figlia.

Questo è una grande differenza rispetto ad un figlio. Il figlio, nel rapporto con il padre narcisista, mantiene a bada le proprie emozioni, le reprime come abbiamo già detto. E la ferita emotiva resta in quell'oscurità senza fondo che una madre non riuscirà mai a suturare perché ne sarà "quasi" inconsapevole.

Ora, ciò che possiamo dire, è che anche se le analisi e gli studi del rapporto padre narcisista-figlia sono al momento pochi e vaghi, non c'è dubbio che una figlia cresciuta da un padre con un disturbo narcisistico della personalità prova comunque un dolore immenso che merita di esser indagato nelle sedi apposite.

La relazione tra una figlia ed il padre narcisista ha molte dinamiche. Ne elencherò qui di seguito alcune di esse.

Incapacità di soddisfare i propri bisogni

La figlia di un padre narcisista crescerà con quella fastidiosissima sensazione di volere sempre di più senza però esser in grado di individuare ciò di cui ha effettivamente bisogno. In un certo senso, cresce fino a non esser mai sazia nella sua relazione con il papà.

Il padre non le darà mai il tempo di cui lei avrebbe bisogno perché tutto preso a "competere" con gli amici, i colleghi, i conoscenti e magari altri fratelli.

A lasciarla enormemente confusa è l'ambivalenza tra il comportamento del padre durante l'infanzia e quello invece dall'adolescenza in poi, fino all'età matura. Un comportamento fondato sui soliti schemi narcisistici.

Una figlia di un padre narcisista, generalmente, ha bei ricordi dell'infanzia. Ricorda un padre che, da bambina, la adorava.

Un padre narcisista, quando gli nasce una figlia, tende ad idealizzarla ed a lodarla continuamente. Ma solo nel primo periodo di vita. Poi, succede che qualcosa si rompe. Il padre smetterà di colpo di "amarla" e la metterà in un angolo.

Ciò che confonde la figlia è proprio questo. La differenza che emerge tra il periodo d'infanzia e l'ingresso nella vita adulta. La figlia rimarrà attaccata a quell'idealizzazione subita e non troverà pace, cercandola continuamente. In lui come in altri soggetti! Amici ma soprattutto partner romantici.

Crescendo, poi, sarà soggetta invece alle tendenze ipercritiche del padre narcisista. Presto, difatti, i complimenti attraverso i quali veniva descritta come "la sua principessa" si trasformeranno in commenti inutilmente aspri sul suo aspetto fisico e sul suo atteggiamento. Non la adorerà più con quella coerenza iniziale e questo la lascerà confusa e triste.

Man mano che crescerà, si porterà dietro tutte queste insofferenze e si sentirà ansiosa e vulnerabile, la preda perfetta per altri soggetti manipolatori.

Il paradigma predominate sarà questo: non sarò mai abbastanza brava. E tutti i miei partner mi lasceranno per qualcuna "migliore" di me.

Standard troppo elevati

La figlia di un padre narcisista sarà soggetta ad un crudele ipercriticismo e proiettata verso standard esageratamente elevati che non potrà mai soddisfare. Un atteggiamento di questo tipo da parte del padre porta a gravi danni nella psiche di lei. La ragazza potrà sviluppare un'identità che sarà divisa in frammenti. Frammenti appartenenti al suo vero sé e frammenti legati al sé idealizzato. In parole semplici, questo significa essenzialmente che ci saranno parti di lei vere ed altre che tenterà di cancellare per sostituirle con quelle di cui "crede" di avere bisogno.

Quando non riesce a soddisfare determinate aspettative, siano essere relative ad un obiettivo o ad una conquista in termini amorosi o amicali, finisce per sminuirsi con commenti meschini e crudeli. I suoi standard saranno così elevati che quando non riuscirà a soddisfarli, ma non perché non ne sia capace, semplicemente perché sono difficili per la maggior parte delle persone, si incolperà in modo violento e finendo con il credere di non essere abbastanza brava.

Tieni presente, caro lettore, che ognuno di noi ha la propria storia. E che confrontarsi con i risultati di altri, molto spesso è ingiusto e cattivo. Ognuno ha i suoi tempi. Ed essere non sufficientemente veloce rispetto ad un altro, non significa necessariamente non essere all'altezza.

Insoddisfazione cronica

Un padre narcisista, sfortunatamente, crescerà una figlia che continuerà ad annaspare nel dubbio. Metterà in dubbio il suo aspetto, la sua intelligenza, il suo talento, le sue capacità e tutto il suo potenziale. Questo accade perché, fondamentalmente, durante la crescita e nel periodo che va subito dopo l'infanzia e verso l'adolescenza non è stata amata per quello che era veramente. È stata invece costretta a plasmarsi in continuazione per cercare di diventare ciò che qualcun altro aveva deciso che fosse, reindirizzando sempre la concentrazione perché anche quando pensava di aver fatto qualcosa di giusto, suo padre alzava l'asticella pretendendo di più.

Disfattismo

Una figlia di un padre narcisista, durante il suo percorso educativo, costruirà quella voce critica interiore che risuonerà costantemente nella sua testa ed alla quale darà sempre ascolto.

Questo la porterà ad avere un flusso inconscio e costante di pensieri negativi mentre passerà dall'infanzia alla maturità. Imparerà a incolpare sé stessa, ad indulgere in discorsi negativi che non sarà in grado di controllare e svilupperà tendenze all'autolesionismo perché crede di non meritare che le possa accadere nulla di buono.

Quando il flusso costante di negatività ed abusi non si concretizza in un atteggiamento disfattista, la figlia di un padre narcisista potrebbe sviluppare una personalità che mira al perfezionismo. Un perfezionismo, però, che potrà risultare anche dannoso ed indurla a perseguire standard irrealistici oppure a non provarci proprio se pensa di non essere, già in partenza, la migliore.

Incapacità a costruire relazioni sane

La figlia di un padre narcisista finirà spesso per autodistruggere qualsiasi relazione potenzialmente buona, prima che essa possa procedere per il suo corso naturale.

Questo avviene perché lei è in un certo senso programmata internamente a credere di non essere degna di amore.

Nelle situazioni peggiori, invece, potrebbe trovarsi in relazioni tossiche perché le considera il "vero amore" cercando così inconsciamente di rievocare i traumi del passato e sperando, questa volta, di esser in grado di guarirli. Ma senza un aiuto professionale, questo non accade quasi mai.

La figlia di un padre narcisista soffre in silenzio. Ma, credimi, non c'è nulla che possa impedirle di guarire se lo desidera veramente.

Capitolo 3

Comprendere i genitori narcisisti e la loro emotività

Ora, se sei arrivato fino a questo punto, le probabilità che tu lo abbia fatto per cercare di capire come dare aiuto a te stesso o a qualche persona di tua conoscenza sono molto alte.

Prima di tutto, però, mi preme sottolineare, come già fatto in passato, che i miei libri non hanno alcuna pretesa di risolvere un problema. Li ho scritti con l'idea di far comprendere meglio determinati meccanismi per fornire al lettore, in tutta serenità, qualche strumento in grado di contribuire a dargli la possibilità per capire da dover poter partire per approfondire.

A te, consiglio sempre di farti aiutare da professionisti esperti, magari mediante una serie di incontri "reali". Non cadere nell'errore di credere di poter risolvere determinate situazioni solo con la lettura di un libro. Vai avanti ok? Bene, proseguiamo...

Prima di tutto, vorrei che tu sappia che se stai soffrendo mi dispiace.

Ho passato anni a studiare con l'intenzione di arrivare a capire il comportamento umano e l'unico obiettivo che spero di raggiungere scrivendo è quello di contribuire ad aiutare quante più persone possibili.

Andiamo per gradi adesso. Per guarire, o per cominciare a farlo, bisogna prima capire cosa si è rotto e cosa no. Bisogna capire cosa può essere riparato e cosa no.

Partiamo quindi da un presupposto: un genitore narcisista è, per diversi motivi, non irrimediabilmente ma comunque sulla buona strada per esser "rotto" in modo definitivo. Il resto, quindi anche tu, invece, può essere aggiustato.

Molto spesso, i figli di genitori narcisisti, dopo aver preso consapevolezza di determinate dinamiche, si interrogano sulla fattibilità e sulla possibilità di poter cambiare i loro genitori. Purtroppo, la risposta è quasi sempre NO.

Queste considerazioni sono le stesse che si fanno quando si parla di narcisismo nelle relazioni romantiche. Non è possibile cambiare un narcisista finché il narcisista non riconosce chi è e, per la maggior parte del tempo, non lo farà mai. Provare a convincerlo di vedere gli errori nei suoi comportamenti si traduce quasi sempre in rabbia, rifiuto e rancori da parte sua. In una situazione del genere, ci sono solo due cose che si possono fare.

In primo luogo, si può scegliere di lasciarli alla loro vita e rassegnarsi al fatto di non poterli cambiare. Non puoi cambiare nulla in lui. E se stai leggendo questo libro perché stai cercando risposte e strumenti su come poterli cambiare, puoi chiuderlo e terminarlo qui, non posso aiutarti.

Quello che puoi fare, e che DOVRESTI fare, invece, è decidere di intraprendere quello che sarà il percorso di cambiamento più difficile ma più costruttivo per te.

Comincia con il renderti conto che, tra te ed il tuo genitore, c'è una differenza enorme.

Tu sei piena di energia e motivazioni ed assolutamente in grado di cambiare. Non sei affatto debole. Ed il semplice fatto che tu sia qui, su questo libro, alla ricerca di spunti di riflessione ed eventuali soluzioni, chiarisce, se ancora avevi qualche dubbio, la forza del tuo carattere e la volontà di riprendere il controllo della tua vita. Quindi, fatti un favore caro lettore! Continua a leggere e scegli la seconda opzione.

Ti starai chiedendo adesso qual è questa benedetta seconda opzione. La seconda opzione è quella di renderti resiliente, sano e raggiungere la versione migliore di te stesso. In breve, dovrai imparare ad essere ciò che sei destinato ad essere. Per riassumere, quindi, non potrai cambiare il tuo genitore narcisista, ma potrai attrezzarti in modo da poter affrontare i suoi comportamenti in modo da rendergli impossibile o, nella peggiore delle ipotesi considerando il legame naturale che vi unisce, di strisciare sotto la tua pelle per graffiarti l'anima.

Solo tu sei il responsabile della tua vita e della tua felicità. So che magari in questo momento potrà essere difficile per te capirlo, so che ti sembra tutto così brutto e senza soluzioni ma è la verità.

La scienza, se può consolarti, ci ha dato, e soprattutto in questi ultimi tempi, ci sta dando molte risposte. La scienza ci dice che i narcisisti non sono soggetti consapevoli dei danni che causano. I loro cervelli non sono "cablati" come il cervello di tutti noi. E non è tuo dovere creare connessioni neurologiche nelle loro menti per farli diventare le persone che vorresti che fossero.

Ma non deviamo troppo. E mettendo per un momento la scienza da parte, cercherò di aiutare ogni figlio di genitori narcisisti fornendo strumenti, spunti e conoscenze su ciò che i suoi genitori non gli hanno dato.

Partiamo dai confini. I confini devono essere dei confini sani.

I figli dei narcisisti, come forse avrai anche già capito, crescono mettendo da parte i loro bisogni per soddisfare quelli dei loro genitori.

Quindi, se pensi di essere figlio di un genitore narcisista, posso dirti che, inconsciamente, tu hai interiorizzato la convinzione che tutti gli altri vengono prima di te. Bene, non è affatto così, comincia ad installarti questo paradigma nella testa. È arrivato il momento di mettersi al primo posto. Le persone di successo fanno questo, mettono i loro bisogni prima di quelli di tutti gli altri. Occhio, so già cosa stai pensando! Mettersi al primo posto non significa essere una persona vuota ed egoista. Significa, al contrario, che ami prima di tutto te stesso e che hai chiaro in mente il fatto che per godere in modo totalitario della tua vita devi necessariamente evitare di cercare di riempire i serbatoi vuoti degli altri e cominciare a preoccuparti del tuo. Dovrai prima di tutto imparare a prenderti cura dei tuoi bisogni, solo così potrai essere in grado di aiutare gli altri in modo efficace.

Mi piacerebbe, quindi, che il primo passo per cominciare a cambiare la tua vita cominciasse proprio da qui. Quindi, cosa che non ho scritto prima e che generalmente faccio come incipit dei miei libri, "grazie per avermi scelto" e benvenuto nella casa della consapevolezza. Io sarò qui con te perché so che sarai in grado di poter fare tutto quello di cui hai bisogno. Scommetto che sei arrivato fin qui da solo vero? Ma non importa dai, anche se qualcuno ti ha guidato in questa direzione, posso dirti che sei stato molto coraggioso nel decidere di cominciare a voler conoscere i tuoi "mostri". Ora, non ti resta che salire in macchina e cominciare il viaggio verso il cambiamento.

Il primo passo per capire come migliorare la **TUA** situazione è prendere il controllo delle tue reazioni.

Avrai sicuramente capito che il modo in cui si comporta un narcisista non è qualcosa che puoi cambiare. Avrai altresì capito che non è possibile comunicare con lui in modo efficace. Cosa fare quindi? Come detto, ciò che puoi fare è imparare a capire quando le tue emozioni stanno prendendo il sopravvento rischiando di farti perdere il controllo. Devi imparare a non farti controllare dalle emozioni.

Quando un narcisista è nel pieno del suo delirio patologico, può provocarti immenso dolore e problemi a livello mentale piuttosto seri. In questi momenti, è facile raggiungere uno stato emotivo che può diventare incontrollabile. Questo, purtroppo, potrebbe potenzialmente portarti verso una profonda spirale di brutti discorsi, insicurezze, senso di colpa ed altri sentimenti negativi in grado di abbassare gravemente la tua autostima e le occasioni di felicità. Può succedere di sentirsi attaccati ed ansiosi nel bel mezzo di un'accesa discussione. Finire in questa spirale di ansia, potrebbe farti dire, nella peggiore delle ipotesi, cose che potrebbero provocare ancora di più il narcisista con il risultato di peggiorare la situazione. Nella migliore delle ipotesi, invece, potresti raggiungere un tale livello di disagio da arrivare a parlare negativamente a te stesso.

Il tuo primo compito, quindi, sarà quello di prepararti per arrivare a poter disarmare queste "acquisizioni" emotive.

La tua serenità mentale non ha bisogno di esche emotive gettate lì dal comportamento di uno dei tuoi genitori. Il primo passo da fare sarà quello di fare un bel respiro profondo per interrompere quella reazione istintiva che potrebbe portarti a dire cose che non servono a nulla.

Prima di tutto, tieni presente che ciò che puoi dire oggi può essere detto anche domani.

Così, quando e se ti troverai ancora sotto violente mitragliate narcisistiche riconoscendo il fatto che le tue emozioni stanno prendendo il sopravvento, ricordati che niente di quello che dici o fai potrà cambiare il suo comportamento. Non cedere alla tentazione di rispondere, sicuramente non farlo nell'immediato. Comincia a lasciar andare le sue invettive.

Comincia in sostanza a pensare a cosa fare PER TE. E, sicuramente, modificare le tue reazioni è possibile.

Qui avanti nel libro, ti parlerò degli effetti che un genitore narcisista può avere su di un figlio adulto e poi ti darò alcuni spunti attraverso i quali cominciare a capire come poter controllare le sue "esche" emotive e migliorare significativamente la qualità della tua vita (mi preme ripeterti che il libro non sarà sufficiente, dovrai metterci del tuo in termini di volontà, metodo ed abnegazione). Ma, finché non avrai capito bene come fare, ricordati di fare un respiro profondo e di trattenere i tuoi pensieri.

3.1 Gli effetti dell'abuso narcisistico sui figli adulti

Essere un adulto che è stato abusato da un genitore narcisista durante lo sviluppo e che si trova ancora legato alle stampelle dell'abuso, può essere fonte di grande confusione.

Come saprai, noi siamo geneticamente predisposti ad amare la nostra famiglia e quando "pensiamo", come è giusto che sia, di amarli, potrebbe essere difficile dare un senso a tutto quello che ci sta accadendo.

Ammettere di subire abusi non è facile. Nessuno accetta facilmente il fatto che uno dei suoi genitori, se non entrambi, possa esser violento. Di conseguenza, la credenza più comune tra i figli di genitori narcisisti è quella di pensare che ci sia un problema IN loro e non un problema in uno dei loro genitori.

Lo sminuire e le critiche costanti, sicuramente, pianta semi di insicurezza nella psiche. Può capitare, a questo punto, che nella tua testa cominci ad affacciarsi quella debole vocina interiore che ti avvisa sul fatto che stai ricevendo un abuso. Se, però, e succede sempre così in queste dinamiche, il condizionamento ed il perpetrarsi di determinati scenari dura da molto tempo, la debole vocina menzionata prima ne incontrerà sempre una più forte e violenta che la accuserà di essere una sciocca.

Ora, tu probabilmente non hai la certezza di esser stato cresciuto da un genitore narcisista. E se non hai già intrapreso un determinato percorso non puoi saperlo. Questo però non è importante. Non metterti lì ad esaminarlo. Quello che conta, invece, è che nessuno ha il diritto di trattarti male. E tu non devi permettere a nessuno di farlo. In te, non c'è niente di sbagliato. Sono semmai le circostanze ad essere sbagliate. Ed io proverò a darti qualche strumento per cominciare a capire come poter affrontare queste circostanze.

Il primo passo verso il cambiamento è quello di capire quanto grande sia il problema e dove esso si trova. Se non si comprende l'entità del problema o non se ne capisce l'origine, come si può pensare di cambiarlo?

Per quel che ci riguarda, noi cominceremo con il comprendere gli effetti dell'abuso narcisistico sui "bambini" adulti. Così facendo potrai essere in grado di distinguere tra modelli di pensiero sani e modelli di pensiero disfunzionali che ora fanno parte del tuo essere a causa dell'abuso patito per mano dei tuoi genitori.

I figli adulti di genitori narcisisti crescono spesso in una situazione nella quale i loro bisogni e desideri più profondi ed istintuali non sono stati MAI soddisfatti attraverso l'empatia. Siccome questo viene fatto da un genitore, genera immensa angoscia e tremenda insicurezza che può sfociare in sfide debilitanti nell'età adulta.

Purtroppo, l'esposizione ripetuta a vari gradi di trauma nel corso degli anni porta i bambini ad avere una bassa autostima e a formare stili di attaccamento insicuri. Tutto questo può generare uno stato ansiogeno persistente che spesso può condurre ad avere eterni dubbi su sè stessi, ad indulgere nell'autolesionismo e, purtroppo, può portare persino a maturare tendenze suicide.

Ora, sebbene gli effetti dell'essere cresciuti da un genitore narcisista percorrano un ampio spettro relativamente alle conseguenze sui "bambini" adulti, ti elencherò cinque fra le maggiori ripercussioni.

Sviluppo di tendenze a soddisfare gli altri non badando a sé stessi

Un tema comune che ho riscontrato in tutte le conversazioni con figli adulti di genitori narcisisti è che tutti avevano ricordi di rabbia imprevedibile e comportamenti emotivamente instabili da parte dei loro genitori violenti.

Dai loro racconti, si capiva che se ad esempio non obbedivano ad ordini del genitore narcisista oppure mettevano in dubbio le pretese del genitore e la sua superiorità, venivano attaccati violentemente attraverso parole forti e, talvolta, azioni esplosive, al solo fine di ripristinare il controllo.

L'obiettivo del genitore, in queste dinamiche è sempre lo stesso: mantenere il bambino in riga. Su questo presupposto, il bambino impara a fare tutto quello che è necessario per mantenere il genitore soddisfatto e così questa tendenza diventa

100

una parte fondamentale della sua esistenza. Non obbedendo, al contrario, subirebbe ulteriori ripercussioni.

I bambini adulti figli di genitori narcisisti sviluppano quindi la tendenza a soddisfare gli altri e ad adulare coloro che li circondano.

Il secondo aspetto che emergeva dai loro racconti è che gli attacchi imprevedibili erano così frequenti che i bambini adulti sviluppavano poi un meccanismo di autodifesa talmente forte per riuscire a razionalizzare in età adulta abusi così violenti. Questo "ridurre" al minimo la gravità di una determinata situazione li protegge dal voler affrontare realmente il fatto di subire abusi violenti. È come se venissero in un certo senso anestetizzati. La rabbia è una reazione così comune nella loro infanzia che diventa difficile da capire e di conseguenza diventa difficile formare confini sani causando un'incapacità cronica di affrontare i conflitti man mano che crescono.

Questi due aspetti, ossia la tendenza a soddisfare le altre persone e l'automatismo di ridurre al minimo la gravità di una situazione, ha come conseguenza sinergica il fatto di voler sempre accontentare tutti, comprese le persone tossiche.

I "bambini" adulti figli di genitori narcisisti non sanno come difendersi da soli perché, ricordi ancestrali legati al loro passato, sono sempre lì a rammentar loro che difendersi significa subire ulteriori ripercussioni.

Questi poveri figli sono cresciuti nel disprezzo totale, trattati male ed ignorati ancora di più.

Hanno radicato in loro un profondo senso di vergogna tossica e non hanno coscienza dei loro bisogni. Li hanno sepolti nella loro parte più profonda e pensano di stare al mondo solo ed esclusivamente per soddisfare i desideri degli altri.

Questa tendenza, in età adulta, si manifesta in vari modi.

Figlie adulte di padri narcisisti, ad esempio, passano la loro vita a tranquillizzare e a cercare di far felici uomini che sono inutilmente arrabbiati con loro. E lo fanno solo ed esclusivamente perché quello è il modello di attaccamento che avevano con il padre e che oggi hanno tatuato nella psiche.

Figli adulti di madri narcisiste, invece, si ritroveranno spesso in rapporti con donne che soffrono di un'immensa volatilità emotiva.

Ora, veniamo al primo suggerimento. Se ti ritrovi in alcuni di questi scenari fin qui menzionati dovrà esser tuo compito quello di impegnarti a capire quando evitare di "non" reagire per paura del conflitto e quando invece reagire come conseguenza di una forte autostima e sicurezza. Questo è l'unico modo per stabilire confini personali che siano sani per te e per coloro che ti circondano.

Forme di insicurezza persistente

I figli adulti di genitori con un disturbo narcisistico della personalità sono spesso libri aperti quando si tratta di esternare dubbi su loro stessi. Inoltre, indovinano sempre gli eventi spiacevoli che gli accadono, o almeno così sembra loro, e negativizzano ogni esperienza. Trovarsi in simili circostanze è molto complicato.

Questo, è il risultato di quello strumento di cui i narcisisti "abusano" quasi sempre e che conoscerai sicuramente con il termine di gaslighting. Si, i figli di genitori narcisisti vivono in un ambiente dove il gaslighting è all'ordine del giorno.

Mentre i genitori sani riconoscono il dolore, le esperienze e i sentimenti di un bambino, i genitori narcisisti non ne hanno proprio la più pallida idea. La conseguenza di questo è che a questi benedetti figli non vengono forniti gli strumenti attraverso i quali poter convalidare i loro sentimenti e le loro esperienze ed imparano, così, a mettere da parte la loro voce interiore, quella sana e a zittirla a vantaggio di una molto più severa ed invalidante.

Questo, in età adulta, può tradursi in una situazione in cui rimangono estremamente vulnerabili alle relazioni, soprattutto quelle con predatori affettivi, che sono il loro pane quotidiano, e che li manipolano ed allo stesso tempo li invalidano. Non riuscendo quasi mai a fidarsi del loro istinto (che di norma non sbaglia MAI), credono spesso alle menzogne che gli racconta l'aggressore.

Rimane, però, loro, una grande capacità: la capacità di percepire il pericolo. A causa delle avversità che hanno affrontato nella loro infanzia, hanno imparato ad essere molto in sintonia con le intenzioni delle persone che li circondano. Hanno una straordinaria capacità nel decifrare le minacce intorno a loro e una grande attitudine, superiore alla media, di imparare cose nuove "scannerizzando" gli ambienti che li circondano.

Tutto questo, equivale ad avere una specie di superpotere, e, in virtù di questo, ti esorto a trarne vantaggio. È il tuo istinto amico mio. Il tuo "senso di ragno". Conosci Spiderman? Bene la tua spiccata sensibilità, da questo momento in poi, dovrà essere il tuo asso nella manica.

Quando i bambini crescono in ambienti domestici pericolosi, devono imparare velocemente a rilevare eventuali cambiamenti in quel particolare ambiente, cambiamenti che possono portare ad una minaccia immediata. Costruiscono quindi un set di abilità in grado di analizzare il linguaggio non verbale del corpo degli altri, in grado di notare i più piccoli cambiamenti nelle loro micro-espressioni e capace di comprendere l'umore di una persona semplicemente in base al tono della sua voce.

Come dicevo, per guarire veramente dal passato e per evitare quindi di trovarsi in altre situazioni di abuso, e qui arriviamo ad un altro prezioso consiglio, i bambini adulti di genitori narcisisti dovranno imparare a fidarsi di questo eccezionale superpotere che gli permette quasi subito di riconoscere le persone tossiche e a staccarsi da loro prima di finire nella tremenda spirale di una malsana manipolazione.

Paura di riuscire

Queste meravigliose creature di cui tu, probabilmente, fai parte, sviluppano spesso o tratti che promuovono l'auto-sabotaggio oppure tratti che sono completamente all'opposto dello spettro finendo per diventare esageratamente perfezionisti come naturale difesa nell'evitare di esser criticati come sono sempre stati. Ti aggiungo un tassello in più, alle volte, queste due espressioni di personalità, possono anche mischiarsi dando origine ad un individuo perfetto, notevolmente capace e potenzialmente in grado di poter far tutto ma che finisce sempre per perdersi in un bicchier d'acqua.

Questo accade principalmente perché questa tipologia di genitori criticano in continuazione i loro figli. Nulla di ciò che il bambino fa è mai abbastanza buono per loro. La conseguenza è che il bambino si trova a dover soccombere continuamente a questo abuso emotivo e psicologico e a dover reprimere di conseguenza il suo vero "sé".

Un figlio adulto di un genitore narcisista sviluppa una paura di inadeguatezza tale che lo porta a sentirsi come un imbroglione, come colpevole, come terrorizzato e timoroso di raggiungere traguardi o provare a realizzarsi. Teme di non riuscire mai a raggiungere i propri obiettivi e smetterà troppo presto di sognare.

Molti di loro, arrivano anche a pensare che non gli accadrà mai nulla di buono e che, tutto questo, se lo meritano.

Come figlio di un genitore narcisista, un "bambino" adulto sente di avere continuamente bisogno di mantenere segreti i propri risultati perché teme improvvise ritorsioni a causa dei suoi successi. Quando era un ragazzino, veniva spesso rimproverato per ciò che non aveva ancora fatto, oppure semplicemente quando stava cercando di condividere delle buone notizie o dei risultati. In breve, ogni volta che provava a brillare, il genitore narcisista lo risbatteva per terra.

Un bambino è naturalmente incline ad essere creativo e felice. In queste situazioni, però, questa tendenza è attenuata di molto perché il genitore narcisista si abbandona spesso ad un evidente bullismo per nascondere la propria invidia ogni volta che un bambino cerca di dar sfogo alla sua fanciullezza, alla sua ingenuità ed alla sua gioia.

In conclusione, possiamo dire che i figli adulti di genitori narcisisti si spaventano parecchio quando vengono messi sotto i riflettori.

Ti starai adesso chiedendo se una simile situazione sia riparabile. Bene, guarire da questo è possibile. Ma è necessario imparare ed interiorizzare il paradigma che quando si è "obbligati" a ricordare che qualsiasi vergogna che viene proiettata su di loro per i successi ottenuti non è la loro vergogna, ma quella di chi cerca continuamente di fargliela provare. Un bambino che ottiene dei risultati bisognerebbe farlo continuamente volare sul "podio" della gratitudine e dell'orgoglio e non scaraventarlo nell'abisso della vergogna e dell'invidia. Comincia a pensare questo, una volta interiorizzato, sarai già a buon punto.

Stili di attaccamento disfunzionali e tendenze a cadere in relazioni violente ed abusanti

Da adulti, generalmente i figli di genitori narcisisti hanno radicato in loro un tremendo senso di vergogna tossica ed una grande sensazione di inutilità.

Tutto ciò, è dovuto alla devastante opera di programmazione subconscia alla quale sono stati sottoposti in tenera età e che li ha fatti diventare incredibilmente attraenti per i predatori affettivi che riescono a fiutare, come uno squalo che sente l'odore del sangue, questo loro disagio interiore.

Un aspetto che non ho ancora affrontato nei miei libri riguarda gli stili di attaccamento. Secondo gli psicologi, ci sono quattro stili di attaccamento che contraddistinguono la relazione genitore-figlio. Essi sono:

- **Stile di attaccamento sicuro**
- **Stile di attaccamento evitante**
- **Stile di attaccamento ansioso**
- **Stile di attaccamento disorganizzato**

I figli di genitori narcisisti, generalmente, cadono in uno o due di questi stili di attaccamento che sono lo stile di attaccamento ansioso e lo stile di attaccamento evitante.

Entrambi gli stili di attaccamento hanno come presupposto di base l'insicurezza. Questa tipologia di "figlio" soffre di un senso di pericolo patologico dovuto agli abusi che ha dovuto affrontare durante la sua infanzia.

Man mano che questi figli diventano adulti poi, si trovano spesso ad essere inconsciamente attratti da relazioni con soggetti narcisisti perché quelle sono le uniche dinamiche relazionali in cui riescono a "funzionare" (seppure in modo disfunzionale).

Le caratteristiche di un individuo sano sono:

- avere uno stile di attaccamento "sicuro"
- riuscire ad instaurare relazioni nelle quali lo scambio è costante e reciproco
- mantenerle nel tempo
- non avere paura dell'abbandono.

Tutto questo porta a creare relazioni sane e reciprocamente soddisfacenti che rassicurano entrambi i soggetti sull'idea stessa di relazione.

Al contrario, gli adulti che hanno formato stili di attaccamento ansioso-evitante, da una parte desiderano intimità nelle relazioni perché gli è sempre stata negata durante l'infanzia, dall'altra, invece, essendo di base soggetti molto insicuri e "spaventati" tendono ad evitare questa intimità auto-sabotando le relazioni. Tutto ciò, conduce quasi sempre ed irrimediabilmente verso i due più comuni scenari di abbandono.

1. Cercano soggetti tossici, credendo di essere dei salvatori e perché a livello subconscio gli ricordano la relazione con il genitore disturbato, nell'intenzione di guarire il trauma subito nell'infanzia. Avendo però una paura patologica dell'abbandono fortemente radicata, finiscono per abbandonare loro e per primi l'altro, per cercare di evitare loro stessi l'abbandono con il risultato però di riviverlo e patirlo drammaticamente.

2. Diventano estremamente dipendenti dal loro partner. Questo, alla lunga, porta l'altro ad allontanarsi risbattendoli in quella paradossale situazione in cui, per primi, temevano di ritrovarsi.

Vedi come queste dinamiche perverse si ripetono ciclicamente? È un meccanismo automatico! Quello che si è vissuto nell'infanzia, si ricerca in età adulta per tentare maldestramente di guarirlo, salvo poi finirci nuovamente dentro con tutte le scarpe.

Man mano che vengono abbandonati, la loro paura atavica riemerge palesando i loro stili di attaccamento disfunzionali e facendogli rivivere quelle esperienze passate come una maledetta profezia che si auto-avvera ancora, ancora e ancora...

Gli stili di attaccamento ansioso ed evitante, tra le loro caratteristiche, hanno principalmente quella di voler cercare adulti emotivamente distanti e non disponibili come il loro genitore.

I figli di genitori narcisisti sono stati costretti a "crescere" ben oltre la loro età, imparando, a loro spese, a non dover dipendere da nessuno per soddisfare i loro bisogni. Questa "falsa" indipendenza, li ha portati nel tempo ad erigere enormi barriere quando qualcuno richiede loro maggiore intimità poiché vivono questa richiesta come una drammatica rinuncia alla propria libertà. Così, finiscono per evitare i conflitti in modo patologico (ne hanno uno gigantesco a livello interiore) e raramente riescono a comprendere le loro emozioni.

L'individuo ansioso-evitante è un individuo che soffre molto. Non teme l'intimità, come già detto, ma la evita perché convinto che questo sia necessario per raggiungere il soddisfacimento di determinati bisogni. Teme di conseguenza anche le relazioni stabili, massima espressione di intimità, perché quella che avrebbe dovuto essere la più importante della sua vita, ed in un certo senso lo è stata, gli ha portato enormi sofferenze. Di conseguenza, è intimamente programmato a distruggere qualsiasi tipo di "connessione" seria.

Può, quindi, diventare estremamente dipendente dal partner quando sente che lui lo sta rifiutando. Allo stesso tempo, però, mostra tendenze evitanti e si spaventa sentendosi intrappolato quando una relazione progredisce oltre quella che è sua zona di comfort.

Di base, devi sapere che le persone spesso chiedono l'amore che pensano di meritare. Proprio per questo, i figli di genitori narcisisti finiranno in situazioni in cui le relazioni assomigliano alla dinamica che hanno avuto con il genitore narcisista nella loro infanzia.

Finiranno, con molte probabilità, in relazioni con partner narcisisti, o comunque sicuramente manipolatori, che li umilieranno e svaluteranno continuamente. Un supporto terapeutico sarà quindi necessario per imparare ad evitare di finire in cicli ripetuti di vittimizzazione che ricalcano il loro trauma infantile. Un giusto supporto, infatti, potrà aiutare questi adulti a guarire dalle loro ferite passate ed aiutarli a rompere i loro cicli di relazione disfunzionale. Piano piano, sarà possibile ottenere la felicità perduta. Un passo alla volta amico mio. E tu, considerando il fatto che hai acquistato questo libro, sei già a buon punto.

Sensazione di inutilità

Chi è sopravvissuto ad abusi narcisistici, spesso si trova a dover affrontare una profonda vergogna tossica che crea una sensazione di diversità dagli altri. La persona si sente difettosa e non riesce ad esprimere tutto il suo vero potenziale (di base queste persone ne hanno tantissimo che rimane però inespresso).

Relativamente a questo, è fondamentale ricordare che questi individui non sono affatto difettosi. Sono semplicemente feriti dal dolore che si portano dietro. Questo, unito a pensieri negativi, bassa autostima e senso di colpa, può dare origine ad un adulto molto ansioso, insicuro, confuso ed eternamente ferito.

Un genitore narcisista insegna al suo bambino che qualsiasi bisogno, qualsiasi sentimento, qualsiasi desiderio e qualsiasi confine che il bambino esprime è una ragione giustificabile per punirlo, per evitarlo e per criticarlo. Il bambino, così, finisce per non essere in grado di distinguere tra ciò che è la realtà e ciò che gli sta rimproverando l'aggressore. Le parole dell'aggressore diventano la realtà del bambino ed al bambino non viene permesso di imparare quali sono le basi di una dinamica relazionale che sia rispettosa ed in grado di convalidare i sentimenti di tutte le parti coinvolte. Il bambino non imparerà mai a stabilire confini personali e ad esprimere i propri bisogni.

In conclusione, possiamo dire che il bambino cresce in un ambiente malsano nel quale viene colpevolizzato di tutto. Questo lo porta a sviluppare un fortissimo senso di colpa. Lui crede all'aggressore quando l'aggressore gli dice ripetutamente che è colpevole e così lo interiorizza.

Da adulto, la sua vocina interiore, quella nutrita in anni ed anni di abusi, non quella reale, gli ricorderà continuamente la sua inutilità e lui crederà di non esser degno di amore.

Veniamo a noi adesso. Cerca di stamparti nella testa, e nel cuore che, qualsiasi cosa ti sia successa in passato, tu sei meritevole di amore e rispetto.

Non sei colpevole di nulla, non hai sempre torto, sicuramente non sarai perfetto perché gli esseri umani sono fatti anche di difetti ma SEI DEGNO DI ESSERE AMATO PER QUELLO CHE SEI, devi solo cominciare a percorrere la strada della consapevolezza e del cambiamento.

3.2 Come resistere alle emozioni che prendono il sopravvento

Se sei cresciuto in una casa con un genitore narcisista, sei cresciuto in una casa con un genitore emotivamente immaturo.

Nel momento in cui un narcisista capisce come entrarti nell'anima, e questo per un genitore è molto semplice proprio per il tipo di legame, allora comincerà ad usare tattiche per "acquisirti" emotivamente e lasciarti in preda ad un vortice di emozioni.

Guarire dall'abuso narcisistico significa lavorare duramente su sé stessi. Significa, spesso, anche resistere a delle tentazioni. Tuttavia, a volte, possono sorgere situazioni che ti prendono di sorpresa fino a portarti alla perdita di controllo.

Fino ad un certo punto sembra andare tutto bene, pensi di avere il controllo ma, all'improvviso, in pochi secondi, poche parole possono cambiare tutto e generare quella situazione che in inglese si definisce "emotional takeovers" e che in italiano possiamo tradurre come **acquisizione emotiva**. Questo può farti sentire come se avessi fatto dieci passi indietro in quel percorso che sembrava, invece, procedere al meglio.

Per evitare che questo accada, sarà quindi essenziale imparare a districarsi dalle "acquisizioni emotive" in cui il genitore narcisista riesce a scaraventarti. Sarà quindi essenziale dotarsi di strumenti che ti permettano di non farti trovare impreparato nel momento in cui il genitore narcisista premerà sui tuoi punti più deboli.

Il genitore narcisista sa bene che per far fare quello che vuole al figlio, dovrà riuscire a crakkare il suo pensiero cognitivo attingendo alle sue paure e alle sue debolezze più profonde. Lui conosce bene le sue vulnerabilità e fa leva sui suoi bisogni primari per ottenere ciò che vuole.

Quando questo accade, è naturale rendersi conto che questa è una situazione potenzialmente pericolosa per il figlio di un genitore narcisista. C'è, purtroppo, una risposta naturale a una situazione pericolosa che si innesca quando il bambino viene stimolato sul presupposto che il genitore lo sta cercando. Il bambino è naturalmente predisposto a concedere le proprie emozioni sulla base di quell'innesco di sentimenti emotivi primari attraverso i quali il genitore mira ad ottenere ciò che desidera.

In linea di massima, i bambini tendono a rispondere a questi trigger in modi diversi. Alcuni tendono a "congelarsi". Altri cercano di correre nella direzione opposta per evitare di finire imbrigliati in questi vortici emozionali; altri ancora cercano di combattere questo innesco. La trappola si verifica nella prima e nella terza ipotesi. Ossia quando appunto ci si sente congelati e intrappolati in una spirale distruttiva, incapaci di pensare a ciò che i loro genitori stanno cercando di fare alle loro emozioni.

La chiave per riuscire a gestire un genitore narcisista evitando di cadere nella trappola dell'acquisizione emotiva, è quella di riconoscerla per tempo.

Questo può essere fatto solo comprendendo a fondo cos'è il "campo di distorsione" per poi riuscire ad affrontare la situazione. Lo tratteremo più avanti. Prima, vorrei che tu imparassi un momento a prenderti alcuni istanti per te.

Respirare profondamente

Quando un genitore narcisista cerca di fare in modo di farti sovrastare dalle tue emozioni, è fondamentale capire cosa ti sta succedendo.

Per prima cosa, nel momento in cui il tuo genitore narcisista si rivolge a te con un desiderio di attenzione, con una critica o con qualcosa di peggio, fai un bel respiro profondo, conta fino a dieci e ricordati di questo mantra:

"ciò che senti di dover dire oggi puoi dirlo benissimo domani, ciò che senti di dover dire oggi puoi dirlo benissimo domani".

Ripetilo continuamente nella tua mente e continua a respirare profondamente. Nello stesso momento in cui fai questo, cerca anche di ricordare in silenzio l'esatta sequenza degli eventi che ha portato allo stato emotivo in cui ti trovi in quel determinato momento. Tutto questo ti aiuterà a mantenere il controllo della situazione, a memorizzare determinati comportamenti del narcisista come "disfunzionali" e a creare un piano di gestione per essi se una tale situazione dovesse ripresentarsi in futuro. Diventare consapevoli di determinate dinamiche costituisce il punto di partenza di ogni cambiamento.

Ricorda di aver il controllo

Tu ed il tuo genitore narcisista non siete un individuo unico. Siete due soggetti separati e totalmente autonomi.

Un genitore narcisista tende a far credere al proprio figlio che lui sia una sua estensione e come tale totalmente dipendente.

Crescendo il figlio con questa convinzione subconscia, potrebbe coartarlo e programmarlo a credere che lui sia uguale. Potrebbe, in altre parole, indurlo a pensare che la mela non cade lontano dall'albero. Questo non è assolutamente vero. Quello che è vero, invece, è il fatto che il genitore soffre di un disturbo narcisistico della personalità e che il figlio è semplicemente una vittima.

Tieni sempre bene a mente questo, tu non sei come lui e puoi assolutamente mantenere il controllo, in ogni situazione.

Come avrai sicuramente letto, o sentito altre volte, un narcisista non può modificare i suoi comportamenti a meno che non riconosca di avere un problema e decida autonomamente di cercare un aiuto professionale.

Tu **devi** essere responsabile delle tue emozioni. Quello che il narcisista cerca di indurti a pensare non è in alcun modo la realtà ma piuttosto un riflesso distorto della sua visione del mondo. Ricorda, non puoi e non potrai mai controllare ciò che il narcisista dice e fa ma puoi controllare il modo in cui reagisci a questo.

Non assecondarlo nelle intenzioni

Quello che un narcisista è capace di farti sentire è l'impulso a reagire come conseguenza dei suoi comportamenti. Non cadere in questo tranello.

Un genitore narcisista è convinto che il figlio esista per soddisfare i suoi desideri ed i suoi bisogni. Sta al figlio riconoscere invece che non è così.

Quando e se un tuo genitore cerca quindi di coinvolgerti in questo senso, dovrai assolutamente cercare di districarti da questa situazione. Potrà essere difficile, non lo metto in dubbio. Ma cominciando ad allenarti su quanto detto prima, facendo quindi respiri profondi e ricordando a te stesso che sei tu e solo tu ad avere il controllo, potrai piano piano migliorare a livello comportamentale nel gestire questo tipo di situazioni.

Presto, cominciando a piccoli passi, sarai difatti in grado di prendere decisioni per te, che ti aiuteranno a rimanere centrato, calmo e, soprattutto, orientato verso le tue esigenze interiori.

Quando un narcisista ti critica, non ribattere, è quello che vuole.

Non devi dimostrargli niente. Al contrario, puoi provare a dargli ragione fingendo di chiedere consigli su cosa fare per migliorare. Sembra paradossale lo so ma se lui desidera farti arrabbiare, mantenere la calma lo spiazzerà. Cerca di comunicare con assertività. Sii fermo nelle decisioni.

Esistono diversi modi per non "impegnarsi" con un soggetto narcisista. Li tratteremo nel prossimo capitolo.

Riepilogando, la chiave per prevenire queste "acquisizioni emotive" è capire di avere il controllo ed imparare a manifestarlo. Quindi, per cominciare, fai respiri profondi, ricordati e ripeti che PUOI controllare le tue reazioni e, cosa più importante, non impegnarti nell'assecondarlo. Ogni fibra del tuo corpo potrebbe suggerirti di "partecipare", questo è naturale, hai subito un profondo condizionamento. Ma tieni presente che il più delle volte, "impegnarsi" con un narcisista, amplificherà solo una situazione che finirà per prosciugarti ulteriormente.

3.3 *Riconoscere altre distorsioni e rimanere concentrati*

Questo concetto non è semplice da spiegare a parole ma val la pena di fare un tentativo. Partiamo da questo presupposto: un narcisista crede di avere sempre ragione. Partendo da questo assunto, non c'è da sorprendersi se l'unica realtà, quando si interagisce con lui, sia solo la sua.

Vivendo con un genitore narcisista ci si ritroverà spesso attratti dal loro campo di distorsione della realtà. Come? Lui, generalmente attribuisce sempre tutta la responsabilità di determinate situazioni alle persone che lo circondano, rielaborando la tua versione degli eventi per renderla propria attraverso l'uso di false analogie ed altri meccanismi. Non starò qui a dilungarmi nello spiegare meticolosamente come funziona, ritengo che i tecnicismi, in contesti di letture divulgative siano più tediosi che altro. Ti basti però sapere che, generalmente, in queste situazioni, ci sono sempre due verità: una realtà vera ed una realtà alternativa. Ed è proprio questa realtà alternativa che viene indicata come **campo di distorsione**.

Il genitore narcisista che vive in questo campo di distorsione della realtà ha una spiccata capacità di riuscire a convincere sé stesso e coloro che lo circondano di qualunque cosa, anche quando questa, molto probabilmente, è lontana dalla verità.

Lavora strenuamente per creare realtà alternative perché creare realtà alternative è l'unico modo attraverso il quale può rimanere fedele alla propria versione degli eventi.

Una delle forme più comuni di distorsione della realtà, è indulgere nel gaslighting.

I genitori narcisisti possono negare di aver detto cose che invece hanno detto, possono darti del pazzo e possono inventarsi cose fino al punto di rendere le tue domande la loro versione della realtà.

Esempio

Tu: "cioè, mi stai dicendo che sono stata io a perdere le tue chiavi della macchina?" Lui: "Si".

Quando questo genere di meccanismi viene ripetuto nel tempo più e più volte, è molto probabile che si stia subendo gaslighting

Quando e se capita questo, quello che posso consigliarti di fare, è il fatto di prendere nota di come effettivamente è andata avanti la conversazione. Scrivilo immediatamente. Nel tempo, potresti renderti conto che il tuo genitore ti sta manipolando per farti credere a una realtà diversa. Potresti, perché no, anche registrare le conversazioni. Ma eviterei, altrimenti sfociamo troppo nel detective rischiando di passare da un estremo all'altro. Cerca però di star sempre con i piedi ben piantati in terra.

In questo tipo di relazione genitoriale, il figlio viene addestrato sin dalla nascita a credere che i genitori siano la sola ed unica fonte di verità nella vita.

Uno dei due, se non entrambi nei casi peggiori, e non necessariamente tutti e due narcisisti, usa tattiche e strumenti verbali, ed a volte anche fisici, per isolarti dalla realtà.

Quando e se qualcuno palesa un qualcosa di idoneo a rivelarsi una minaccia per la realtà alternativa costruita dal manipolatore, il figlio viene subito allontanato per non essere "inquinato" da qualcosa di più "vero".

Facciamo un esempio. Un giorno, il figlio di un padre narcisista si avvicina al papà mettendolo al corrente del fatto che i genitori di un suo amico, a detta sua, non lo rimproverano né lo insultano. Il padre narcisista, sentendosi messo in discussione e considerando questo tipo di ingerenza da parte dell'amico come una minaccia, tenterà di isolarlo dall'amico riuscendo quasi sempre nell'intento.

I genitori narcisisti operano generalmente in un sistema artificioso dove quello che considerano "vero" è predominante rispetto a ciò che è giusto. Proprio per questo motivo tendono a distorcere la realtà degli altri. Riescono a controllare, a sminuire e a farla franca solo in questo modo. Il figlio deve essere il loro tampone emotivo. E per questo necessitano di una realtà fuorviante.

Come conseguenza di tutto questo, posso dirti che quando viene creato un campo di distorsione di questo tipo, ciò che accade è che corpo e mente non sono in grado di distinguere tra realtà vera e realtà creata e l'individuo manipolato rimane coinvolto nel vortice emozionale e dialettico del genitore.

Facciamo un esempio, un genitore narcisista si scaglia di prima mattina contro il proprio figlio reo di non aver preparato **ancora** il caffè creando così in lui un senso di paura e urgenza ok? Lo fa gridando ed inveendogli contro perché ora, per colpa sua, lui tarderà alla riunione di lavoro e verrà sicuramente rimproverato dal capo.

Un genitore adulto "sano", invece, non si comporta in questo modo. Un genitore adulto "sano" ricorda al proprio figlio che, seppur a conoscenza del fatto che sia un impegno fastidioso, sarebbe lodevole se, la prossima volta, lui si ricordasse di preparare il caffè per tempo considerando l'impegno importante di lavoro.

Ovviamente, questo è solo un esempio per farti comprendere bene il meccanismo. Ma sono sicura che ora, non appena ti ci soffermerai qualche minuto, scoprirai che una moltitudine di queste situazioni si è concretizzata anche nella tua vita.

Da piccolo, potresti essere stato ingiustamente incolpato per molte cose relative alla vita dei tuoi genitori. Questo, probabilmente, ha contribuito a creare un senso di profonda insicurezza in te con la conseguenza di impedirti di esprimere quello che veramente senti e di mostrarti per quello che sei veramente.

Quando un genitore narcisista comunica con il proprio figlio attraverso motivazioni egoistiche, ciò che avviene naturalmente è che il genitore crea un senso di urgenza che diventa un campo di distorsione per il figlio.

Bisogna ricordare che un soggetto narcisista è sempre incline a ritenere tutti gli altri i responsabili di ciò che accade intorno a lui. Non sarà mai in grado di assumersi la responsabilità dei suoi sentimenti. Odia provare emozioni che ritiene scomode e non riesce ad affrontare questo tipo di sentimenti da solo.

Questo capita perché i narcisisti hanno un livello di tolleranza allo stress estremamente basso e quando qualcosa provoca in loro ansia o paura, tendono a tradurre questa emozione in rabbia proiettandola sugli altri rei di essere sempre i colpevoli dei loro problemi o presunti tali.

Questo genera quella distorsione di cui sopra nella quale il figlio partecipa a quel senso di urgenza che lo spinge ad accollarsi problemi non suoi come se fossero i suoi e a cambiare sé stesso per cercare di risolverli.

Vediamo ora concretamente con un esempio il genere di situazione in cui ci si può trovare con un narcisista provando a sperimentare modi per separarci dal suo campo di distorsione.

Vivi con il tuo genitore narcisista. Generalmente, un padre narcisista ha quasi sempre una moglie co-dipendente perché una relazione di questo tipo è l'unica forma possibile di legame che può funzionare (attenzione, non significa che può funzionare in modo "sano"). Come saprai, la maggior parte delle madri nutre un amore smisurato per i propri figli. Ti confidi con lei, cercando conforto, relativamente alla solita discussione avuta poco prima con tuo padre e poi te ne vai nella tua stanzetta.

All'improvviso, emerge una situazione in cui tua madre avverte che tuo padre è impaziente, nervoso e ha qualcosa che sta per esplodere, l'istinto le comunica che ha ragione, e questo le causa allo stesso tempo una qualche forma di ansia, paura e senso di colpa (da perfetta co-dipendente). Vedi come siete entrambi, tu e tua madre, sotto scacco del manipolatore? Andiamo avanti....

Lui, il padre narcisista, non riconosce questi segnali o meglio, non li interpreta in modo funzionale ma anzi li converte in rabbia perché è la sola ed unica emozione che conosce bene. Irrompe così nella tua stanza e, in preda alla collera, comincia ad urlarti contro di tutto per aver detto bugie a tua madre. Tu provi a spiegare che la conversazione che hai avuto con tua madre non era affatto di quel tenore ma lui non ascolta, va avanti per la sua strada e continua ad inveire ed a stravolgere la realtà dei fatti. Così, ti convince a scusarti con lui e ad andare da tua mamma per dirle che non c'è niente che non va quando invece non va proprio un bel niente.

Potrebbero essere le tre del mattino, potresti voler dormire, potresti esser stanca ed esausta riguardo l'ennesimo abuso ma a lui non importa. Lui ha bisogno di questo per essere "rassicurato".

Perché accade questo? Il motivo sta nel fatto che i narcisisti cercano ossessivamente di mettere l'altro in una situazione di urgenza in cui bisogna necessariamente fare qualcosa per calmarli. Tu potresti provare a parlare con loro in modo sensato, offrendo soluzioni per risolvere ma loro non stanno cercando questo. Loro sono semplicemente lì per darti un ordine che tu devi urgentemente eseguire. Solo così si sentiranno meglio e riusciranno a calmarsi. E questo, in genere, le vittime lo sanno bene.

Con questo esempio, ho voluto provare a farti capire, anche se mi rendo conto che sono meccanismi complessi se non li si vivono profondamente, che la vittima dovrà sempre mettere da parte i propri bisogni e i propri sentimenti per dedicare attenzioni al narcisista. Questa è l'ennesima forma di manipolazione che hanno a disposizione nel loro variegato arsenale. Creano una realtà distorta, pretendono che questa diventi la TUA realtà e vogliono esser considerati più importanti di qualsiasi altri cosa.

Sembra piuttosto ingiusto, vero? Si, lo è.

Creando questo campo di distorsione della realtà, fanno sembrare che l'unico modo per gestirlo sia solo e sempre quello di fare qualcosa per loro. Se tu oserai non farla, le conseguenze saranno orribili. Vivere sotto lo stesso tetto od esser ANCORA in relazione con un genitore, o un partner, narcisista significa proprio questo: respirare quel profondo ed eterno senso di fastidio, disagio, ansia e paura per tutta una serie di conseguenze o presunte tali che, per te, potranno essere solo che orribili.

Tutto questo, ovviamente, non accade dall'oggi al domani. Avviene mediante una sottile opera di condizionamento ed abusi che dura per interi anni. E quando tu vivi o cresci in un tale scenario, diventi passivo, debole e stanco di tutto con il risultato che ti aggrapperai a qualsiasi cosa che LUI vuole che tu faccia. Smetti così di pensare a te stesso, smetti di pensare a ciò di cui hai bisogno, perdi il contatto con la realtà ma soprattutto perdi il controllo di te stesso...e lui (o lei) potranno fare di te ciò che vogliono.

Ora che spero tu riesca a riconoscere determinati meccanismi (imparerai a farlo sempre meglio se deciderai veramente di cambiare e farti aiutare) dovrai cominciare ad esser molto più vigile relativamente alle tue emozioni cominciando così, per quanto ti sarà possibile, a provare a separare la realtà dal campo di distorsione creato artificiosamente dal soggetto narcisista. Qui ci sono alcuni modi per cominciare a "funzionare" in modo diverso. Ma ricorda quanto ti ho ripetuto più e più volte: non puoi farlo da solo, semplicemente con la lettura di questo libro. Avrai bisogno di un sostegno più indicato.

Respirare prima di rispondere

Il primo passo per distinguere un campo di distorsione dalla realtà è mantenere la calma.

Per proteggerti veramente, dovrai cominciare ad ascoltare la tua voce interiore. Purtroppo, però, come esseri umani siamo programmati a credere che quando una persona agisce in modo violento ci sia un pericolo imminente. Di conseguenza la nostra reazione più probabile ad un'esplosione narcisistica è quella di reagire in qualche modo andando così ad alimentare l'ego del narcisista.

Quindi, prima di agire, lascialo fare, sintonizzati sulla sua voce e conta fino a quando non ti renderai conto di aver ripreso la calma. Il più delle volte le sue esplosioni non sono niente di grave. Sono conflitti interiori tutti suoi che emergono improvvisamente e verso i quali tu non hai alcuna responsabilità.

Farsi delle domande

Quando ti sarai calmato sarai in grado di valutare la situazione.

Prima di tutto, chiediti se un'eventuale ed improvvisa esplosione da parte del narcisista sia la crisi più grande che questa persona ha attraversato. La risposta molto probabilmente sarà no (sono molto frequenti purtroppo).

Una volta compreso questo, chiediti se invece costituisce un'emergenza. Un'emergenza è un incidente. Un'emergenza è un malore improvviso oppure un incendio. Un'emergenza NON è quasi mai la collera di un narcisista.

Dovrai, per quanto possibile, cercare di rimanere obiettivo mentre valuti la situazione. Perché la verità è che un genitore narcisista non sa proprio come calmare le emozioni. Sono sempre ansiosi, hanno bisogno di una soluzione SUBITO ed è questo che nella loro testa rende tutto un'emergenza.

Avere bene a mente che qualsiasi piccolo problema può disturbare un narcisista potrà aiutarti a fare un passo indietro e a valutare con attenzione se "il problema" richiede un'attenzione urgente o meno.

Ecco un elenco di domande che potrai porti prima di procedere con ulteriori azioni. Questo elenco ti aiuterà a distinguere la differenza che c'è tra il campo di distorsione che il tuo genitore sta proiettando su di te e la realtà.

- Questa reazione riguarda un'emergenza?
- Può risolvere questo problema da solo?
- Qual è la realtà dei fatti in questa circostanza?
- Sono l'unico a poter fornire una soluzione al suo problema?
- Se mi prendo del tempo e contestualmente ne concedo altro a lui/lei, sarà in grado di risolvere il "problema" da solo/a?

Sulla base delle mie esperienze, mi sono ormai resa conto che, in fin dei conti, situazioni di questo tipo sono sempre il prodotto di loro distorsioni. Distorsioni attraverso le quali cercano di far sentire l'altro come unico responsabile del proprio disagio coartandolo ad agire per risolvergli il problema.

Facendo un controllo mentale della situazione attraverso risposte a domande di questo tipo, potrai renderti conto del fatto che questa presunta emergenza non è affatto un'emergenza e che tu non sei assolutamente responsabile di una eventuale soluzione o della causa stessa. Fare un controllo di questo tipo potrà aiutarti a rimanere ancorato alla tua realtà in modo obiettivo e sereno.

Visualizzare

Per natura noi tutti siamo inclini a reagire alle energie di coloro che ci circondano. Possiamo assorbire queste energie ed arrivare a sentire le emozioni degli altri.

Questo, però, ha anche un aspetto negativo! È uno dei principali motivi per cui possiamo soccombere alle realtà distorte che ci possono esser presentate da soggetti manipolatori.

Imparare a "visualizzare" potrebbe aiutarti molto.

Prova, ad esempio, a visualizzare una luce bianca ed una piacevole calma intorno a te. Oppure, immagina che ci sia una porta proprio davanti a te e tu sei in procinto di aprirla per allontanarti da una determinata situazione. In sostanza dovrai imparare a visualizzare eventi o situazioni piacevoli che possano esser in grado di tamponare il campo di distorsione narcisistico per poter recuperare quella calma necessaria a farti agire poi nel migliore dei modi.

Esercitarsi ad affrontare situazioni ipotetiche scrivendole

Quando si ha a che fare con un genitore narcisista, c'è sempre qualcosa di nuovo. Questo ha come naturale conseguenza il fatto di ritrovarsi spesso a dover affrontare situazioni mai verificatesi prima.

Un giorno magari si risente perché non lo hai chiamato 3 volte al lavoro. Un altro perché lo hai deluso relativamente al tuo abbigliamento. Un altro ancora perché non hai portato a spasso il cane e così via...

Sarà quindi necessario esercitarsi.

Potresti cominciare con il prendere un quaderno e fare due elenchi che intitolerai **elenco ricorrente** ed **elenco potenziale**. Nell'elenco ricorrente scriverai tutti quegli aspetti relativi a problemi e situazioni che si sono già verificate nella tua relazione. In quello potenziale, scriverai, e mi raccomando, ti sforzerai di farlo, un elenco di problemi e situazioni che "potrebbero" arrivare.

Una volta compilato l'elenco, annoterai puntigliosamente cosa sei disposto a fare per il tuo genitore narcisista in ogni situazione. Non pensare male amico mio, questo ti aiuterà a stabilire confini sani che faranno bene ad entrambi ma soprattutto a te.

Purtroppo, questo tipo di genitori pensano sempre che nessuno al mondo sia più importante di loro! Sono loro stessi in primis a comportarsi come si comporta un bambino e credono di conseguenza che il loro e vero bambino non sia

131

affatto importante. O nella migliore delle ipotesi lo sia molto meno di loro.

Tornando ai due tipi di elenchi, nessuna delle situazioni in essi elencata è salutare o costruttiva. Ricorda quindi che non c'è nulla di egoista nel chiederti cosa saresti disposto a fare in quelle situazioni.

Noterai che, man mano che procederai con il tuo elenco appuntandoti sia le situazioni che le relative decisioni, avrai più chiarezza in testa e questo ti aiuterà nel percorso del "come" affrontare determinate circostanze.

Il tuo elenco potrà includere risposte come:

Ho bisogno di tempo per pensare

È così tardi adesso e sono molto stanco, il mio cervello non funziona in questo momento. Scusami....

Per favore, possiamo parlarne in un altro momento?

Io ti voglio bene ma sto avendo brutti pensieri in questo momento! Scusami mi serve del tempo

Preparati a notare che il tuo genitore narcisista risponderà a queste tue richieste od affermazioni in modo ovviamente egoistico trasmettendoti un profondo senso di urgenza.

Dovrai fregartene! Tu sei arrivato a questo stadio perché hai già creato la tua lista di controllo mentale ed hai concluso che queste NON SONO EMERGENZE. Chiaro? Le sue paturnie NON SONO EMERGENZE.

Dovrai sempre avere ben chiara la tua posizione.

Nessuno può costringerti fisicamente da adulto a fare qualcosa che non sei disposto a fare. Nemmeno un tuo genitore.

Dovrai imparare a riconoscere i loro sentimenti ma a non prenderli mai sul serio.

Non diventare una vittima del loro senso di urgenza. Prenditi il tuo tempo. Prenditene quanto ne vuoi e fin quando ne avrai bisogno.

Questi elenchi, al contrario di quello che magari potrai credere in un primo momento, sono molto importanti. Possono permetterti di aiutarti ad allenare la parte pensante del tuo cervello attraverso attività che si radicheranno nel tuo processo di pensiero, fino a diventare delle abitudini.

Nuove situazioni potranno paralizzarti, sicuramente. Ma il ricordo di questi elenchi con le relative soluzioni ti assicureranno piano piano l'evitare di soccombere al campo di distorsione del tuo genitore narcisista.

Non sentirsi in colpa

Molte persone, quando devono stabilire dei confini personali, si sentono in colpa.

Ciò accade spesso a persone empatiche che considerano gli altri molto più importanti di loro.

Non funziona così amica mia. Per tutta la tua vita, il tuo genitore narcisista ti ha insegnato a ignorare i tuoi bisogni ed i tuoi desideri. Questo ha causato un enorme conflitto in te. Gli individui centrati, gentili e generosi si rendono conto che soddisfare i loro bisogni è un requisito essenziale.

Comincia a tenere bene a mente che se in determinati momenti ti ritrovi a dire

"Ehi, io ti voglio bene ma adesso non ho voglia di parlarti. Ne sarò in grado solo tra qualche giorno e dopo aver riflettuto..."

non sei affatto egoista.

Questo è molto importante. Non dovrai mai sentirti in colpa per aver seguito il tuo istinto evitando di cadere nel campo di distorsione di un individuo manipolatore. Quando chiedi tempo e spazio, stai semplicemente facendo un passo indietro. Ti stai RISPETTANDO. Tu hai un diritto NATURALE al tuo spazio ed è assolutamente normale che possa provare dei sentimenti. Di qualsiasi tipo essi siano.

Ricordati che il tuo intero processo di cambiamento è un processo lungo e sul quale è necessario lavorarci sopra.

Il primo passo dovrà necessariamente coincidere con il tenere bene a mente che l'ansia e l'urgenza che un genitore narcisista manifesta sono dovuti principalmente al fatto che è pieno di paure.

Il tuo corpo avverte benissimo quella paura, proprio a causa del campo di distorsione che è stato creato. Semplicemente non sai riconoscerla.

L'urgenza è un problema suo. Lui/lei ha bisogno di imparare a gestirlo da solo. Forse comincerà a farlo solo quando imparerai a permettere a te stesso di fare un passo indietro lasciando gli altri ai loro problemi.

3.4 Proteggersi, riprendere il controllo e curare l'empatia

Per guarire da una relazione con un genitore narcisista dovrai imparare a proteggerti. Se non ti difendi, o se non provi a farlo, non migliorerai.

Questo, generalmente, succede perché il genitore narcisista non pensa a cosa è meglio per te quando intraprende un'azione nei tuoi confronti. Non è proprio cablato per pensare a cosa è meglio per gli altri, compresi i figli. È proprio nel suo DNA, è una cosa che non contempla proprio. È programmato per essere così. Ok ma così come Cecilia? Incurante dei sentimenti e delle emozioni degli altri.

In simili circostante, quando i tuoi stessi genitori, od uno dei due, non ti proteggono, allora devi necessariamente imparare a difenderti.

Riprendi il tuo potere

A questo punto, dovrò essere estremamente chiara ed onesta con te: se desideri proteggerti, dovrai assolutamente lavorare per capire come e dove cambiare alcune convinzioni radicate ormai dentro di te e che potresti non sapere nemmeno di avere.

Vedi, anni di abuso emotivo, psicologico e narcisistico possono comportare una terrificante diminuzione dell'autostima nella persona che lo subisce.

La scienza ci dice che le persone che hanno una bassa autostima, spesso credono di non meritare che accada loro nulla di buono. Sono in eterna lotta con loro stesse e trovano difficile il fatto di amarsi profondamente.

Quando accade questo, quando non riesci ad amare te stesso, potrà succederti di pensare di essere egoista proprio quando invece comincerai ad amarti. Esatto!!

Quando cominci a porre in essere tutti quei comportamenti indirizzati a manifestare agli altri il perimetro dei tuoi confini, allora ti sentirai a disagio. Ti sentirai in colpa e spaesata perché considererai tutto questo come poco sensibile, cinico ed egoista.

A questo punto ti chiedo: hai veramente voglia di lavorare seriamente su di te pensando di esser degno di poter vivere una vita migliore? Perché mio caro amico, la verità è che tu lo sei. Sei assolutamente degno di vivere la vita che VUOI vivere.

Il tuo genitore narcisista ha bisogno che tu creda diversamente perché sa perfettamente che una persona con un forte senso di sé non è una persona che può controllare facilmente.

Stabilire confini sani, proteggersi, migliorare la propria autostima e guarire sé stessi non ci rende egoisti. Ci rende saggi. E, contestualmente, ci offre una miriade di opzioni per farci vivere una vita migliore. Una vita che sia funzionale alle nostre aspettative e ai nostri sogni.

Ci sono illustri esempi di persone altruiste con confini estremamente sani! Nelson Mandela, Martin Luther King, Madre Teresa...nomi illustri che hanno fanno dei loro confini personali i loro cavalli di battaglia.

Pensa ancora a questo adesso amico mio: se tu sei il primo a non rispettarti, perché dovrebbero rispettarti gli altri?

Le persone di successo conoscono la propria autostima e non permettono a nessuno di maltrattarle. Tuttavia, sanno anche essere altruiste nel restituire valore agli altri.

Intraprendere un percorso di protezione di questo tipo, ti aiuterà a vivere la vita con molto più equilibrio.

Comincia subito! Decidi di riprendere in mano il tuo potere! L'unico modo per farlo è quello di capire qual è il tuo posto nel mondo e realizzare il tuo potenziale.

Comincia con il ripeterti ogni giorno che tu sei una persona adorabile, sorprendente, brillante e degna di vivere la vita che desideri.

Proteggiti

Come avrai ormai intuito, i figli di genitori narcisisti sono molto empatici.

Questo succede perché si trovano a dover assorbire continuamente le emozioni dei loro genitori e a lenirle poichè loro ne sono totalmente incapaci.

Ora, in qualità di empatico, sarà essenziale proteggersi. Se non custodirai gelosamente la tua energia, se permetterai a chiunque di succhiarti la linfa vitale, scoprirai che non avrai mai nessuno che sarà disposto ad aiutarti. E quando avrai bisogno di sostegno per centrare i tuoi obiettivi, per soddisfare i tuoi bisogni e per realizzare i tuoi desideri sarai tristemente solo.

Qui di seguito ti elencherò alcuni modi attraverso i quali potrai proteggerti:

-        Allontanati dalle brutte situazioni.

Se il tuo genitore è critico, violento, offensivo o ti sminuisce in qualche modo, allontanatene subito. Non preoccuparti se si offende o meno. Pensa a te.

Lui/Lei si è mai preoccupato di offenderti? Chi ama sul serio è anche in grado di discutere, magari animosamente, ma senza ferire l'altro.

Allontanati quindi, chiuditi nella tua stanza dicendo che hai da fare oppure esci di casa a fare una passeggiata. Fai tutto ciò che senti di fare ma allontanati dalla situazione (ovviamente non spaccare un vaso in testa a qualcuno eh, sia chiaro).

-       Asseconda il tuo respiro.

Nel caso in cui ti trovi in una situazione difficile in cui sei impossibilitato a scappare, ad esempio in un'auto in movimento, dì a te stesso che ciò che questa persona ti sta vomitando addosso, è un riflesso di lui o lei ed in nessun modo una tua mancanza. È il suo vissuto.

Respira profondamente, immagina di essere circondato da una luce bianca e accogliente e allontana le sue brutte parole dalla tua mente. Quello che il tuo genitore narcisista ti dice, non sono affari tuoi. Sono suoi problemi.

-       Medita ogni mattina. Inizia con 20 minuti. Questo ti aiuterà ad affrontare il disagio emotivo che può sorgere nelle situazioni quotidiane.

La scienza ha dimostrato che la meditazione può migliorare la qualità della vita di una persona.

-       Chiarifica le tue esigenze. Inizia a dire di NO.

-          Spesso, i figli di genitori narcisisti hanno paura di dire di no perché temono di deludere i loro genitori. Sono cresciuti con qualcuno che gli ripeteva continuamente di essere egoisti, ingrati, indegni, ecc. Così, queste brutte parole sono diventate una profezia autoavverante. Hanno portato questi bambini a trascorrere tutta la loro vita cercando ossessivamente di dimostrare al genitore di non essere quello che lui gli rimproverava di essere.

Devi renderti conto che qualunque cosa tu faccia, il tuo genitore troverà sempre qualcosa di cui lamentarsi. Quindi, per favore, stabilisci i tuoi confini e comincia a dire quel cavolo di NO.

Guarisci

Questa parte potrebbe apparire piuttosto spinosa. Soprattutto considerando il fatto che, come mi piace ripetere spesso, per arrivare alla guarigione, un libro, e addirittura numerose letture sull'argomento, non potranno mai guarirti dalla tossicità di un rapporto disfunzionale. Potranno sicuramente aiutarti a capire da dove partire e come cominciare ma, mi raccomando, non ti aspettare la soluzione. Per quella ci devi mettere del tuo in termini di volontà e applicazione.

Comunque, fatta questa premessa, perdonami se te lo ripeto spesso, posso dirti che la chiave per la guarigione sta nello smettere di considerarti una vittima e vederti invece come un sopravvissuto.

Quando si vive continuamente nella mentalità di vittima non si riesce mai a riprendersi il proprio potere. Però, se comincerai a considerarti un sopravvissuto, allora ti renderai conto che sarai in grado di prosperare nonostante gli ostacoli che hai dovuto affrontare.

Ti esorto quindi a considerare per bene il contenuto di questo libro, magari ampliandolo con testi clinicamente più tecnici, e a seguire i suggerimenti qui di seguito:

- Mettiti in contatto con un terapista. Questo è FONDAMENTALE. So che potrà sembrarti impegnativo, magari anche fastidioso però, credimi, un giorno farai i salti di gioia per averlo fatto.

- I terapisti possono essere costosi, senza dubbio, ce ne sono comunque parecchi a costi non così proibitivi ma possono davvero fare la differenza nella tua vita. Cerca di considerare questa storia come un investimento su di te. Quando riuscirai a buttarti alle spalle tutto, e sono sicuro che ci riuscirai, ti sentirai molto meglio e la tua autostima raggiungerà vette celestiali mai viste prima. Sarai in grado di inseguire i tuoi sogni, di rincorrere e centrare i tuoi obiettivi e sarai anche molto più centrato relativamente alle relazioni sociali. Così, tutti i tuoi investimenti saranno ripagati. Sarà un percorso lungo, magari anche doloroso ma necessario per il tuo cambiamento e per cominciare a vivere una vita migliore.

- Bombarda la tua mente con contenuti stimolanti.

- Spesso, una dose quotidiana di ispirazione esterna può aiutare le persone a sentirsi più positive e felici. Vai online, leggi sui forum le storie di successo di persone che sono sopravvissute agli abusi narcisistici, cerca video su YouTube, ci sono tanti life coach e professionisti ben preparati. Leggi libri di crescita personale, guarda a nuove prospettive e coltiva nuove idee. Questo ti aiuterà a sentirti meglio e a cambiare radicalmente la tua vita.

- Prenditi cura di te. Fai esercizio tutti i giorni. Anche quando non ne hai voglia, AMATI.

- Ogni volta che avrai pensieri negativi pensa di essere un bambino, abbracciati e dì a te stesso che in questo momento non sei tu ma è quella vocina interiore che è stata abusata per anni e che sta parlando sul presupposto della sofferenza vissuta. Coccolati nel tentativo di calmare quella vocina interiore. Tu non sei quello che il tuo genitore narcisista ti ha detto di essere per tanti e tanti anni.

Esistono tanti altri modi per proteggerti, cominciare a riprenderti il potere e guarire. Ricorda solo che tu non hai nulla di sbagliato. Sei quello che sei e non è mai troppo tardi per dimostrarlo. A te e agli altri.

3.5 Suggerimenti per uscire da un ambiente tossico

L'incubo più grande di un genitore narcisista è che il suo "bambino" prima o poi se ne vada via. Lo considera come un'estensione di sé e, come tale, un oggetto in grado di aiutarlo a sentirsi meglio.

Quando è nei guai, guarda al suo bambino con l'intento di fargli da genitore. Ma quando poi si sente di non averne avuto abbastanza (e succede SEMPRE, i genitori narcisisti non si accontentano mai) si vanterà dei risultati del suo bambino come se fossero i suoi, proiettando e radicando nel suo inconscio il paradigma dell'ammirazione verso il genitore.

I figli adulti di genitori narcisisti, purtroppo, si trovano spesso nella situazione di dover lottare per vivere una vita sana e con le giuste soddisfazioni. Si rendono conto che la loro vita è diversa da quella degli altri. Si fanno domande, provano rabbia e rancore verso sé stessi e non riescono mai a realizzare quello che, invece, per tutti gli altri sembra estremamente facile. Questo succede perché i loro genitori li hanno cresciuti instillando in loro quel senso di dipendenza verso l'approvazione altrui. Agiscono sempre e solo in funzione di questo, mai per sé stessi. La loro vita è colma di paure, angosce, ansie e dubbi che li condizionano in ogni circostanza.

Sono stati definiti egoisti, gli si è vomitato addosso una tonnellata di problemi, hanno dovuto continuamente affrontare i capricci del loro genitore tossico, hanno combattuto contro i silenzi e le cattiverie, sono stati coartati a fare cose che non volevano fare e spesso sono stati anche abusati fisicamente. E questi sono i risultati. Figli adulti che non sanno qual è il loro posto nel mondo e che per ogni cosa soffrono fino all'inverosimile.

Il modo migliore per uscire da un simile scenario, e che si fonda sulla riconquista di un'indipendenza sia emotiva ma soprattutto economica, è quello di imparare ad anticipare tutto ciò che può andare storto attraverso una serie di passaggi che andremo ad analizzare.

Avere un piano finanziario

Molto spesso, i figli adulti di genitori narcisisti non sono consapevoli di come funzionano gli altri adulti. Sono stati cresciuti in modo da dipendere dai loro genitori per ogni cosa, comprese le finanze. A partire dalle cose più banali tipo lo sport da praticare, i vestiti da indossare, come pettinarsi, chi frequentare e quali percorso di studi scegliere, sono stati **condizionati**. Non gli è stato permesso, in sostanza, di sviluppare una loro identità.

È addirittura probabile che molti genitori narcisisti abbiano conti in comune con i loro figli per controllare le loro finanze.

Ora mettiti comodo perché sto per entrare a gamba tesa. Questo cordone ombelicale dovrà necessariamente esser tagliato. Ci sei? Bene.

La prima cosa da fare, quindi, da bambino adulto che vive ancora con un genitore affetto da un disturbo narcisistico della personalità, sarà quella di sistemare le proprie finanze.

1. Assicurati di avere un piano che preveda di allontanarti dal tuo genitore narcisista, trasferendoti, e che contempli almeno 6 mesi di spese di soggiorno.

Le tue spese dovranno essere in grado di poter coprire cibo, intrattenimento, cose essenziali, utenze, affitto, qualche svago (eh si, dovrai andarci piano altrimenti brucerai tutto) e alcuni risparmi per le emergenze. Il tutto, ripeto, in modo da poter coprire almeno 6 mesi ed esser in grado di affrontare situazioni improvvise perchè, probabilmente, non sarai immediatamente in grado di guadagnare subito dopo esserti trasferito.

Fai attenzione però, quando manifesterai una scelta di questo tipo, l'ego del tuo genitore narcisista sarà tremendamente ferito e cercherà di tagliarti ogni sostegno finanziario, per questo dovrai esser in grado di prevenire.

Non lasciare scoraggiarti da questo. Se continuerai a vivere con il tuo genitore narcisista non avrai mai la possibilità di vivere la vita che senti di voler vivere; non potrai mai diventare economicamente indipendente; non potrai mai avere una famiglia tutta tua. Vivere con un genitore narcisista, non è la stessa cosa che vivere con un genitore normale.

Ricordati che molti altri, prima di te, hanno ricostruito le loro vite da zero ottenendo successo e realizzandosi pienamente. Sicuramente non è stato facile. Ma ci sono riusciti.

2. Assicurati che il tuo genitore narcisista non sappia nulla della tua "scorta" economica.

Non dire niente a nessuno se non ad un tuo amico fidato. Risparmia denaro, magari fai anche qualche straordinario, insomma, inventati qualcosa che ti permetta di cominciare a sviluppare quel senso di indipendenza necessario al raggiungimento dei tuoi obiettivi. Pochi mesi di così duro lavoro ti ripagheranno a lungo, fidati di me.

Non dire niente fino all'ultimo momento

Come ti ho accennato poco sopra, mettere il tuo genitore narcisista a conoscenza del fatto che hai intenzione di andare via potrà crearti seri problemi. Se glielo dirai molto in anticipo, le tue giornate saranno piene di così tante emozioni negative ed abusi che potresti semplicemente perdere la voglia di portare avanti quello che hai già programmato.

Tieni presente che la volontà di allontanarsi richiederà un coraggio immenso. Più a lungo ascolterai le sue lamentele e patirai i suoi ricatti emotivi, maggiori saranno le possibilità di ricadere nel campo di distorsione della realtà.

Immagina invece di dirglielo con largo anticipo. Cosa succederebbe? Ogni giorno sarebbe una guerra e la costante esposizione alla sua violenza emotiva diminuirà le tue capacità di recupero di fronte alle avversità.

Se proprio vorrai dirlo a qualcuno, assicurati che sia qualcuno che non rivelerà mai niente al tuo genitore narcisista. Dillo solo pochi giorni prima, dillo quel giorno che contempli il tempo di preparare le tue cose e soprattutto quando avrai già dato l'acconto per l'affitto.

Preparare il tuo copione

Dovrai preparare la tua sceneggiatura per quando sarai pronto a rivelare i tuoi piani al tuo genitore narcisista. Lui, dal canto suo, avrà un miliardo di cose cattive da vomitarti addosso ma tu potrai provare a contro-manipolarlo per riuscire a gestire al meglio il dramma.

Potrai uscirtene con frasi del tipo

"non voglio essere un peso per te"

oppure

"è ora che di provare ad essere la persona che tu vuoi che io sia"

Se nessuna di queste soluzioni funziona, potrai chiaramente dire che pensi che sarai più felice allontanandoti e che la tua decisione non è in discussione.

Risparmiare

Una volta trasferito, dovrai cominciare a risparmiare soldi. Dovrai imparare a gestire il denaro, questo è un argomento complesso sul quale magari un giorno scriverò un altro libro, ma non pensare che sia impossibile. Se lo pensi, sappi che sono tutte scuse. Se vorrai veramente raggiungere i tuoi obietti, ci riuscirai. Ti costerà impegno, dolore perché i fallimenti arriveranno ma fa parte del percorso.

Esci dalla tua zona di comfort, spingiti oltre i tuoi limiti e vedrai che i risultati arriveranno.

Stabilire confini rigidi

Questo è il passo più importante. Una volta che sarai riuscito ad allontanarti, dovrai stabilire confini invalicabili. Il tuo genitore narcisista proverà in modi diversi a ripristinare quel contatto attraverso il quale manipolarti ma tu dovrai essere irraggiungibile.

Se ad esempio avrai preso in affitto una stanza assieme ad un'altra persona, informala sulle circostanze generali e mettila al corrente che qualsiasi tentativo di contatto da parte del tuo genitore dovrà esser immediatamente bloccato. Se ad esempio l'edificio ha una vigilanza, potrai informare il custode di non fare avvicinare nessuno a te e di non farti recapitare nulla che provenga dal tuo genitore narcisista.

Potrai cambiare numero di cellulare e chiamarlo da un numero anonimo solo magari per sapere come sta, senza poi dar lui modo di ripristinare il legame.

Qualora il tuo genitore dovesse raggiungerti in qualche modo, sii pronto ad allontanarti mettendo scuse di vario tipo.

Insomma, adesso stare qui ad elencare tutte le possibili situazioni risulta difficile, per questo poco sopra mi sono preoccupata di consigliarti di farti seguire da una persona esperta di queste dinamiche. Quello che è mia intenzione comunicarti in questo momento, è che dovrai necessariamente stabilire dei confini e renderli invalicabili.

So che magari potrà esser difficile anche solo pensarlo in questo momento ma, per il tuo bene, è la cosa giusta da fare. Esiste un legame naturale tra te ed il tuo genitore narcisista di cui nessuno ti priverà mai. Ma sappi che quello che dovrai sforzarti di combattere è quel modello di attaccamento radicato in te e che oggi sta condizionando tutte le tue scelte. Questa è la parte più difficile, che di solito segue quella della consapevolezza. Dovrai sforzarti di affrontarla. Trova tu il modo, io ti ho dato dei suggerimenti, ora tocca a te.

Ma ti assicuro che tenendo bene a mente questo tipo di suggerimenti, riuscirai a tirarti fuori dal tuo ambiente tossico in pochissimo tempo.

Potrebbe pure capitarti di pensare che determinate opzioni, legate magari a questi suggerimenti, non siano poi così giuste. Bene, ti assicuro che lo sono invece. E che tutte le tue attuali perplessità derivano solo dall'abitudine. Quell'abitudine che dovrai sforzarti di combattere.

Ora un ultimo consiglio: cerca di visualizzare il giorno in cui sarai finalmente libero dagli abusi. Come ti senti? Bene vero? Ecco, lo vedi che è possibile? Visualizza ogni santo giorno della tua vita quel momento, fallo diventare la tua ossessione. Vedrai che un giorno, QUEL GIORNO arriverà.

Capitolo 4

Indipendenza Emotiva

Raggiungere l'indipendenza emotiva dopo aver patito abusi narcisistici sarà davvero un traguardo importante. Se c'è una cosa che ho di voler trasmettere scrivendo questo libro, e spero tu l'abbia compresa bene, è questa: non c'è assolutamente niente di sbagliato in te. Cerca adesso di andare oltre quello che puoi aver compreso leggendo il libro fino a questo punto. La maggior parte degli esseri umani riflette e cerca sempre di migliorare i propri errori. Purtroppo, nelle famiglie tossiche, questo non viene "insegnato". Quando un genitore narcisista fa sentire in colpa il figlio, la sua risposta naturale è quella di credere che il padre o la madre abbiano ragione.

Bene, non la hanno, quasi mai. E comunque il loro tipo di comunicazione è totalmente sbagliato.

Nessuno di noi è colpevole al 100%. In nessuna relazione. E quando si tratta di una relazione genitoriale, dove le colpe sono sempre e costantemente riversate sul figlio, significa semplicemente che il genitore è strutturato in un modo tale secondo il quale la sua fragile autostima non è in grado di accettare la colpa. Anche quando la colpa è tutta sua.

Dovrai quindi riconoscerlo, fissartelo nella testolina e cominciare a lavorare sodo per arrivare ad amare te stesso immensamente perché TU NE SEI ASSOLUTAMENTE DEGNO.

Per raggiungere veramente l'indipendenza emotiva, dovrai cominciare a credere di non essere colpevole. E dovrai cominciare a credere di non esserlo mai stato. Nessuno è perfetto. Tutti sbagliano e tutti hanno il diritto di sbagliare. Sbaglierai ancora e ancora e nessuno dovrà mai più permettersi di rimproverarti per questo. Sbagliare è l'inizio della crescita.

Nei seguenti paragrafi esploreremo un minimo quali possono essere i postumi dell'abuso narcisistico e come poter veramente rinascere (sempre sul presupposto dell'aiuto esterno e della tua grande volontà, perdonami se te lo ripeto ma è fondamentale).

Quando avrai compreso bene i sintomi, e prima o poi ci arriverai, ti renderai conto che questi segnali sono un qualcosa che tu hai sperimentato più volte. Ti renderai altresì conto che non sei solo nel tuo viaggio e soprattutto ti renderai conto che non hai alcuna colpa.

4.1 Disordine post-traumatico da stress

Tutti i figli di genitori narcisisti hanno un ricordo ben definito della loro infanzia. Quel ricordo di voler diventare presto adulti per liberarsi emotivamente e finanziariamente dalle grinfie del loro genitore tossico.

Spesso e paradossalmente però, la personalità che si forma in un ambiente tossico, dove prevale un insopportabile controllo coercitivo, è una personalità che non è in grado di adattarsi in modo funzionale alla vita adulta.

Cosa succede? Succede che il "bambino" adulto si trova a dover lottare continuamente, affrontando una miriade di ostacoli, per realizzare quel desiderio infantile.

Molti individui adulti che hanno sofferto abusi nella loro infanzia possono incappare spesso in quel senso di scarsa cura di loro, in disturbi cognitivi e in disturbi della memoria.

Molto di tutto questo si traduce in quello che in ambiente clinico viene definito come Disturbo da Stress Post Traumatico o CPTSD (Complex Post-Traumatic Stress Disorder).

Il disturbo post-traumatico da stress si concretizza spesso dopo un incidente traumatico o un evento particolare che altera la vita dell'individuo che lo subisce proprio come potrebbe alterarla un incidente, uno stupro o una guerra.

In uno scenario di relazione genitoriale, si verifica perché la violenza e l'abuso si attuano così ripetutamente che proprio quando ci si sta per riprendere si finisce nuovamente in un altro tremendo attacco di violenza.

Il CPTSD è il prodotto di un trauma che si è aggravato nel tempo. E come se i cicli ripetuti di abuso e trauma non fossero stati sufficienti durante l'infanzia, i "sopravvissuti" al CPTSD si trovano in cicli ripetuti di trauma anche in età adulta.

Questo succede perché le ferite infantili, in età adulta, costituiscono la base per l'auto-sabotaggio nella quale base i "sopravvissuti" credono di non meritare di meglio. In sostanza, si trovano in circostanze che ricalcano, in un modo o in un altro, quelle della loro infanzia.

Ma anche qui, amico mio, la bella notizia è che il disordine post traumatico da stress può esser risolto.

Per comprendere gli effetti del disordine post traumatico da stress, dobbiamo identificare le cause di tale condizione. Esse sono

- Violenza o abuso domestico
- Dover affrontare l'incuria o l'abbandono durante l'infanzia
- Assistere ripetutamente a violenze e abusi, per esempio tra i genitori
- Vivere un trauma durante l'adolescenza

- Vivere un trauma per un periodo piuttosto lungo

- Impossibilità di rifugiarsi in uno spazio sicuro quando si sta affrontando un trauma

- Essere ferito da qualcuno di cui ci si fida

Se hai subito abusi da parte di un genitore narcisista in età infantile e adolescenziale, oppure sei ancora in piena fase di abuso, potresti trovare conforto nel sapere che riuscendo ad identificare i sintomi qui sotto, allora non hai niente che non va. E dovrai semplicemente riconoscere di esser stato od esser ancora in piena fase di abuso.

1. Le persone in pieno disordine post-traumatico da stress hanno spesso difficoltà a regolare la loro emotività. Possono sentirsi depresse, ansiose, tristi ed essere spesso sul punto di perdere il controllo delle loro emozioni. Possono avere, o aver avuto, pensieri suicidi e possono mostrare rabbia estrema ed improvvisa che non sono in grado di controllare.

2. Potrebbero provare sentimenti di dissociazione dai loro ricordi, dal loro corpo, dal mondo e persino dal trauma stesso. Quando gli fanno domande sull'infanzia, potrebbero rispondere di non avere ricordi, buoni o cattivi che siano.

Questo capita perché il cervello dei "sopravvissuti" all'abuso narcisistico ha subito violente interferenze e contraddizioni e di conseguenza cerca di bloccare i ricordi poiché non c'è coerenza in loro. Sorprendentemente, però, pur non ricordando nell'immediato situazioni d'infanzia, spesso potrebbero avere a che fare con dei "flashback" di eventi o specifiche emozioni in grado di scaraventarli in uno stato di angoscia, in cui si sentono senza speranza e come se le loro ferite emotive si stessero riaprendo.

3. I sopravvissuti all'abuso narcisistico crescono e si sentono diversi dal resto del mondo. Si sentono come se fossero avvelenati o difettosi e non sani. Si trovano spesso a dover affrontare il senso di colpa e il dialogo interiore negativo, per violenti condizionamenti subiti e che non sono di loro responsabilità.

Questa voce interiore è ciò che governa il "falso sé" di questi sopravvissuti. E che li costringe a rimanere infognati nel senso di colpa, intenti a voler raggiungere standard di perfezione irrealistici. Quando questi standard non vengono soddisfatti, l'adulto si ritrova in una spirale infinita di odio per sé stesso.

4. Gli adulti sopravvissuti ad un trauma narcisistico potrebbero trovarsi in una situazione in cui hanno una percezione ambivalente del loro genitore. Potrebbero sentire, nel profondo, che ciò che hanno subito è stato ingiusto ma allo stesso tempo potrebbero sentire di non poter fare a meno di proteggere e "rispettare" il genitore narcisista (integra ciò di cui discutevano sopra, ossia la difficoltà nel dover affrontare il modello di attaccamento).

Questo capita perché il cervello di queste persone è stato "addestrato" a razionalizzare e ridurre al minimo l'abuso come forma di autoconservazione.

5. I figli di genitori narcisisti con CPTSD hanno difficoltà a fidarsi degli altri. Spesso si ritirano socialmente, non riescono ad impegnarsi in relazioni sane, finiscono quasi sempre in relazioni tossiche e disfunzionali e quando in difficoltà preferiscono isolarsi perché temono il rifiuto e l'abuso. Paradossalmente, però, nel ritiro soffrono immensamente.

6. I sopravvissuti all'abuso narcisistico possono avere poca speranza nella vita. Ciò è del tutto naturale. Proprio per la sofferenza patita durante l'infanzia.

7. I sopravvissuti all'abuso narcisistico potrebbero trovarsi, anzi, come detto al punto 5 capita purtroppo frequentemente in cicli ripetuti di relazioni tossiche.

Questo perché la maggior parte delle persone uscirà da una situazione con una persona tossica. Bisogna purtroppo però anche sottolineare come questo genere di individui sia estremamente adattabile alle circostanze pericolose ed abbia una resilienza molto forte alla persecuzione. Così, l'eventuale partner manipolatore, riconoscendolo, cercherà, trovando quindi terreno fertile, di mantenere la persona all'interno della relazione.

Questi sono solo alcuni dei segnali di disordine post-traumatico da stress che il figlio di un genitore narcisista si troverà a riconoscere una volta cominciato un determinato percorso. Sappi però, se ti rivedi in queste narrazioni, che tutto ciò non rappresenta affatto la fine della tua vita. Da adesso in poi, potrai riprenderti.

Il viaggio verso il cambiamento potrà essere intenso e stimolante. E quando ti sentirai più forte sarai in grado di riconoscere le tue vere emozioni, sarai in grado di abbracciarti forte forte e, finalmente, capirai che il tuo genitore narcisista non è riuscito a distruggerti.

Sarai perfettamente in grado di scrivere la parte più bella della tua vita, ne sono sicura.

4.2 Vergogna tossica

Sapere di soffrire di disturbo post-traumatico da stress e decidere di voler fare qualcosa al riguardo, è il primo passo per cambiare. La soluzione per guarire dagli abusi subiti nell'infanzia e dal CPTSD sta nel risolvere la tua vergogna tossica.

Se ti trovi spesso ad affrontare sentimenti di inutilità che tu o le persone intorno a te ritenete spesso irrazionali, se un frequente sentimento di umiliazione ti paralizza, se ti ritrovi spesso a fare discorsi negativi, allora è molto probabile che tu stia soffrendo di vergogna tossica.

Tutti hanno provato e provano vergogna nella loro vita. Tuttavia, questa vergogna può diventare tossica quando porta le persone a giudicarsi duramente e senza compassione.

Può causare grave disagio, emotivo e psicologico, e, in simili circostanze, può essere difficile riuscire a "costruire" un'immagine positiva di sé.

La cosa spiacevole è che i bambini che crescono in una famiglia dove è presente un genitore narcisista vengono umiliati così ripetutamente e costantemente dal genitore narcisista che la vergogna tossica, alla lunga, non viene riconosciuta per quella che effettivamente è!

Da adulti, questi figli di genitori narcisisti cominciano a credere che le cose che dicono a sé stessi siano vere. Non è così! Quelle cose cattive non sono proprie convinzioni ma bensì scorie dell'abuso subito e che ormai si sono ben radicate nell'inconscio.

Il genitore narcisista usava la vergogna come tecnica per controllare il bambino. Di conseguenza, l'essere etichettato ripetutamente come un idiota, uno stupido, una persona pigra, nullafacente e non in grado di riuscire a fare determinate cose, si traduce in un'immagine di sé alterata.

Nei miei colloqui, molto spesso mi è capitato di avere a che fare con adulti che ricordavano di essere stati rimproverati e definiti "animali disgustosi" solo magari per esser tornati sporchi di terra dopo aver giocato a pallone o aver fatto la pipì nel letto. Altri mi confidavano di sentire qualcosa strisciare dentro la loro pelle e di avere il desiderio di esser inghiottito dal pavimento.

Questi sono tutti sintomi di vergogna tossica. La vergogna tossica deriva anche dalla tendenza molto comune in questo tipo di individui a voler sempre compiacere gli altri per il semplice fatto di non averlo mai potuto fare quando si trattava dei loro genitori.

Da bambini, nulla di ciò che facevano era abbastanza buono per i loro genitori e, da adulti, cercano la convalida della loro autostima ostinandosi nel voler compiacere gli altri.

Allo stesso tempo, si trovano spesso invischiati in relazioni con personalità narcisistiche proprio perché non hanno confini personali ben chiari.

La vergogna tossica può tradursi spesso in paura di vivere qualcosa di orribile, paura di essere felici, tendenza a pensare in termini catastrofici, ansia costante non identificata, disturbi dell'umore, problemi di controllo dei propri impulsi e dipendenze.

Ma anche in questo caso, se affrontata con il giusto aiuto professionale, la vergogna tossica è un qualcosa di cui possiamo liberarci.

4.3 Come fidarsi del proprio mondo interiore

Ho avuto modo di parlare con molti "sopravvissuti" all'abuso narcisistico e la prima cosa che mi hanno detto tutti quanti è stata:

"Non riesco a fidarmi di me stesso. Penso di essere stato abusato, sono iperattivo ma non riesco a fidarmi di me stesso".

Mi è bastato questo.

Vedi, un genitore narcisista cresce il proprio figlio in quel campo di distorsione di cui abbiamo discusso sopra e, di conseguenza, diventa adulto pensando che questo sia tutto normale. Purtroppo, non è affatto così.

Le persone "normali", o per meglio dire "risolte" non si mettono a cercare su Google notizie ed informazioni relative ad abusi narcisistici. Non stanno davanti al PC ore ed ore cercando di dare un senso a quello che gli è successo.

È proprio davanti a questi fatti che io mi sento di consigliare sempre di fidarsi del proprio mondo interiore. Ognuno di noi nasce con quel particolare senso di intuizione che ci permette di percepire il pericolo e di proteggerci. Se non avessimo questa intuizione, la nostra razza potrebbe esser spazzata via molto velocemente.

Questo senso di intuizione viene sperimentato spesso da ognuno di noi. Ad esempio, camminando per strada possiamo percepire le intenzioni di coloro che ci circondano. Oppure, quando qualcuno ci lusinga in modo molto diretto all'interno di un negozio, possiamo capire che ci sono secondi fini.

Ti starai ora chiedendo perché ti sto dicendo queste cose. Bene, te le sto dicendo perché la chiave di tutto sta nel non ignorare queste "bandiere rosse". E per gli individui che hanno subito abusi durante l'infanzia, questo è più facile a dirsi che a farsi.

Ora, è molto probabile che dopo esser sopravvissuto ad un'infanzia traumatica, il tuo cervello abbia imparato da solo a mettere da parte la fiducia nel tuo istinto. Questo è avvenuto a seguito di continui condizionamenti e violenze fisiche ed emotive che hanno in un certo senso prodotto una stasi emozionale. Così, nonostante l'istinto è sempre pronto a metterti sul chi va là, il tuo cervello si è addormentato in un profondo sonno di rassegnazione.

Quando sei ancora in pieno periodo infantile, difficilmente riesci a reagire. Questo tipo di emozioni generalmente si traduce in pianti o capricci che, ovviamente, un genitore narcisista tende a non considerare ed addirittura ad usare come leva per controllarti.

Alla lunga, perdurando questo scenario, ti sei "rassegnato" mentre il tuo genitore tossico infrangeva continuamente la tua fiducia.

Anni di abusi creano un sistema in cui cresci diventando estremamente accomodante. Ed il motivo per cui questo accade è che non impari a proteggere i tuoi confini, non te lo insegnano.

Anzi, qualcuno fa proprio il contrario: li prevarica sempre. Dovrai quindi imparare a fidarti del tuo mondo interiore! Solo così potrai guarire.

Il modo attraverso il quale io lavoro per allenare l'intuizione consiste nel creare un diario dove stilare un elenco di pensieri quando sento che c'è qualcosa di "sbagliato". Più tardi, magari la sera, mi chiedo se tutti quei pensieri siano il prodotto delle mie paure oppure intuizioni valide.

All'inizio, può essere difficile fidarsi del proprio mondo interiore soprattutto quando questo mondo è pieno di vergogna tossica e CPTSD. Questo esercizio, però, ti aiuterà a capire il valore delle tue intuizioni insegnandoti a fidarti di te. Ogni volta che ti ritrovi a mettere in discussione qualcosa, prendine nota, non metterlo mai da parte. E mantieni questo diario in cui scriverai anche le tue sensazioni.

Scrivi di quella particolare situazione e forma una domanda per inquadrare il problema che potresti dover affrontare. Ad esempio, se incontri un ragazzo, o una ragazza, in un bar e senti che qualcosa non va, chiediti cos'è! Un'espressione? Una frase in particolare? Oppure è solo una tua paura inconscia? Identifica se ciò che ti causa paura è un qualcosa di esterno al tuo modo di pensare oppure un qualcosa di interno.

Annota tutto sul tuo diario (sensazioni e domande) e vai a dormire. Lascia sedimentare tutto, fai una pausa e tornaci magari il giorno dopo.

Osservati. Cerca di capire se i tuoi pensieri e le tue azioni, nel tempo cambieranno. Stai meglio? Sei più ansioso in generale? Qualunque sia la risposta, non giudicarti duramente.

Abbandonati ai tuoi sentimenti con la certezza che la cosa giusta da fare ti si mostrerà quando meno te lo aspetti. Non pensare alle conseguenze, fai quello che senti. Se il tuo mondo interiore ti sta dicendo di evitare una particolare situazione o una determinata persona, anche dopo aver provato, ascoltalo. Generalmente, non sbaglia mai.

Fatti delle domande. Chiediti cosa puoi fare per risolvere la situazione.

Avere una conversazione con qualcuno ti aiuterebbe a rasserenare le cose? Se hai dei dubbi su una situazione o una persona, potresti avere paura di fare due chiacchiere perché da bambino, questa non era la normalità. Eri sempre mazzolato e sbattuto in un angolo. Sappi però che gli adulti sani sono disposti ad avere conversazioni, anche quel tipo di conversazioni in cui puoi sentirti a disagio. Impara a fidarti degli altri. Fare domande ti aiuterebbe a comprendere meglio le tue paure, potresti trovare conferme alle tue sensazioni e questo ti insegnerà a fidarti sempre di più del tuo istinto.

Ripeti a te stesso ogni settimana che ascolterai la tua voce interiore e agirai di conseguenza. Dalle cose più piccole come scegliere un ristorante nel quale andare a cena a quelle più grandi come decidere di allontanare una persona.

Imparare a Fidarsi del proprio mondo interiore non è un qualcosa che si impara da un giorno all'altro. Ma con la pratica quotidiana e la fiducia ci arriverai. Ricordati, e te lo ripeto ancora e ancora, che nonostante quello che ti è stato detto, tu sei degno di amore. Nessuno ti conosce meglio di quanto ti conosci tu. È tempo quindi di permettere a te stesso di ascoltarti.

4.4 Migliora l'autostima

Siamo ora al passo più cruciale che sarà necessario compiere per riprendere il controllo della tua vita.

Tutta la tua vita è stata una serie interminabile di violenze verbali (e non solo) e rimproveri. Nel tempo, questo ha compromesso la tua autostima. Ed è proprio questa incrinatura nell'autostima di una persona che conduce a continui dubbi su sé stessa e a discorsi negativi.

Ti racconterò adesso una storia su di una mia cara amica.

Lei è una donna straordinaria. È divertente, intelligente, amorevole e gentile. Ha un gran bel lavoro e guida una squadra di 25 persone! Ma si è innamorata di un ragazzo.

I primi sei mesi sono stati un uragano di romanticismo, attenzioni, disponibilità e affetto, gli ultimi sei, uno scioccante assalto ai suoi sensi.

Ha passato le notti a piangere sul pavimento del suo bagno, lui si arrabbiava senza motivo abusando di lei in svariati modi. Piano piano, lei ha cominciato a credere di avere sempre torto. Un giorno, lui, in ritardo di due ore per un appuntamento, si è comportato come se niente fosse e quando lei si è arrabbiata, lui ha chiuso ogni canale di comunicazione e le ha rivolto la parola solo quando lei è andata a chiedergli perdono implorandolo miseramente!

Cioè, non era nemmeno colpa sua ma nonostante tutto, ha messo da parte la propria dignità per riavvicinarsi a questo manipolatore. Per fortuna, è grazie a Dio aggiungo io, la relazione è finita. Ma questa giovane e bellissima donna ha continuato a piangere, chiedendomi, più e più volte, se ci fosse qualcosa che non andava in lei.

Io, le ho semplicemente detto questo:

"Il modo in cui ti ha trattato è un riflesso di chi è lui non un riflesso di chi sei tu".

Ha alzato lo sguardo sorpresa. Le ho fatto notare anche che pure quando lui era in preda alla rabbia narcisistica lei non aveva neanche un decimo delle colpe che lui le attribuiva. Il punto è che soggetti di questo tipo hanno la capacità di far sentire in colpa l'altro pure quando colpe tangibili non ce ne sono. Arrivano a questo mediante un sottile gioco di manipolazioni e abusi di vari tipo che hanno la funzione di andare a minare l'autostima dell'altro.

La chiave per cominciare a recuperare la propria autostima si fonda su tre aspetti fondamentali:

1. Tenere bene a mente che le cose che questi soggetti ci rimproverano sono molto lontane dalla verità.

A un narcisista piace mostrarsi sicuro e spesso violento verbalmente perché la sua autostima è talmente fragile che riesce a sentirsi bene con sé stesso solo quando è nella condizione di fare il prepotente con qualcuno che glielo permette.

2. Tenere presente che il passato non può essere cambiato ma presente e futuro nessuno, se vorrai, potrà portarteli via.

3. Cominciare a pensare di essere una persona di valore.

Difatti, solo perché una persona cattiva e con seri problemi psicologici ti ha maltrattato in passato non significa che ci sia qualcosa di sbagliato in te.

4. In te non c'è niente che non va. Il problema è tutto loro. Ed il loro comportamento è un riflesso del loro ego e non la conseguenza delle tue azioni.

Ora, è arrivato il momento di re-innamorarti di te, di seguito ti darò qualche spunto.

Auto-compassione

Per migliorare la tua autostima prima di tutto dovrai cominciare ad estraniarti.

Visualizza il bambino che è dentro di te. Quel bambino pieno di speranza che ha perso l'orientamento. Ogni volta che ti rimproveri verbalmente qualcosa, immagina che quelle cose che ti stai rimproverando, le stai rimproverando a quel bambino.

Nonostante questo, riusciresti ad essere ancora così duro? Probabilmente no.

Prova adesso a fare un ulteriore passo indietro ed immagina che qualcun altro sia nei tuoi stessi panni. Gli diresti comunque tutte quelle cose orribili che spesso dici a te stesso o, al contrario, lo sproneresti a provare ancora e a non abbattersi?

Bene, comincia allora a trattarti come tratteresti quel bambino che è dentro di te o quell'estraneo che ha bisogno di aiuto e compassione.

Se anche qualcun altro merita compassione quando si trova nella stessa situazione in cui puoi trovarti tu, perché tu non dovresti meritartela?

Amor proprio e compassione potranno davvero cambiare il corso della tua vita.

Diario della gratitudine

Ogni sera, prima di andare a dormire, potresti pensare di fare un elenco di 3 cose che hai fatto durante il giorno e di cui sei grato.

Potrebbero essere le cose più banali come l'aver mangiato un gelato al cioccolato per pranzo oppure il fatto che il tuo collega ti sorrida ogni mattina. Qualunque cosa, davvero qualunque cosa, basta che ti ricordi di scriverla ogni sera! Dopo alcuni mesi, quando rileggerai questi tuoi vecchi ricordi, sarai così sorpreso di scoprire quanto si sia evoluto il tuo livello di gratitudine e ti renderai conto di come la tua vita possa avere così tanto significato e quanto bella possa essere. Diversi studi dimostrano che mostrare gratitudine può aumentare la positività e condurre ad una visione più ottimistica della vita.

Fare una delle seguenti azioni ogni giorno

Fai qualcosa che rappresenti per te ogni giorno un regalo.

Per migliorare la tua autostima dovrai amarti di nuovo. Parte di questo può esser fatto attraverso tuoi piccoli gesti verso di te.

Qui leggerai un breve elenco di alcuni suggerimenti su cose che puoi fare ogni giorno. Se seguirai questo consiglio, implementando questa routine nella tua quotidianità, entro la fine del primo mese inizierai a notare quanto radicalmente la tua percezione di te sia cambiata in meglio. Vediamole

1. Impara nuove cose. Puoi appassionarti a così tante attività attraverso YouTube o lezioni online a basso costo che non ne hai idea.

2. Crea un elenco dei tuoi risultati (eh lo so, hai da fa tanti elenchi, abbia pazienza, è la strada giusta).

   Ogni singolo giorno, datti una pacca sulla spalla ogni volta che magari lavi i piatti, dai da mangiare ad un animaletto oppure aiuta un vicino! Non esistono risultati grandi o piccoli. Esistono risultati.

3. Fai qualcosa di creativo ogni giorno. Potresti cucinare, colorare, disegnare, leggere, scrivere o imparare a suonare uno strumento. La creatività stimola il cervello.

4. Sfida le tue convinzioni limitanti. Ogni volta che rimani coinvolto in un ciclo di insicurezza, siediti e prendi nota del perché quel particolare pensiero fosse così irrilevante e irrazionale.

5. Fai volontariato. Che si tratti di beneficienza o aiuti palesi alle persone bisognose poco importa. Aiutare gli altri può spesso offrire un faro per l'autoguarigione.

6. Smettila di preoccuparti di ciò che gli altri pensano di te! Ciò che la gente pensa di te non è affare tuo. Questa è la tua vita e la loro opinione non conta. Non ti dovrà assolutamente influenzare.

7. Leggi o guarda qualcosa di stimolante. Tieni presente che alcune delle persone più influenti oggi, anni fa hanno sopportato abusi molto seri che gli hanno comportato cicatrici piuttosto significative. Il tuo, quindi, è solo l'inizio del viaggio.

8. Difenditi e non dire sempre si a tutto e a tutti. Comincia piano e prometti a te stesso di dire di no a qualcuno almeno una volta alla settimana (ovviamente non a caso eh, a chi sentirai di doverlo dire). Quando inizierai a capire quanto starai meglio urlando quei NO quando sentirai la necessità di farlo, sarai sulla buona strada per riacquistare la tua integrità.

9. Coccolati. Fai esercizio almeno un paio di volte a settimana. Fatti bello. Prendersi cura del proprio aspetto potrà aiutarti a costruire la tua autostima e costruire confini personali sani.

10. Dai il benvenuto fallimento. Provare e fallire è sempre meglio che stare fermi. Nessun fallimento è definitivo. Spesso, anzi, è parte del successo. Non può esserci successo dove non ci sono fallimenti.

11. Non permettere ad altri di controllarti. Sappi che il custode dei tuoi confini sei solo tu. Se qualcuno ha intenzione di non rispettarli, allora non è degno di far parte della tua vita.

Mettendo in pratica questi consigli, assieme a tanti altri che arriveranno strada facendo, un giorno ti guarderai indietro e non sarai più in grado di ricordare quel tempo in cui hai dubitato di te stesso! Datti una mossa allora, buttati in trincea, io sono qui con te.

4.5 Gestire un genitore narcisista durante il recupero

Capisco che possa esser difficile, da adulti, riconoscere che un tuo genitore era un narcisista. Potrebbe essere uno shock molto forte "vedere" uno dei tuoi genitori per quello che in realtà è. Però, una volta fatto, sarà necessario rimboccarsi le maniche e concentrarsi su sé stessi. Il passato, purtroppo, come più volte ripetuto, non si può cambiare. Va certamente tenuto presente ma, allo stesso tempo, bisogna considerarlo irrilevante per quello che sarà il tuo futuro.

Cosa molto comune e alla quale dover prestare attenzione mentre cercherai di riprenderti dall'abuso è il fatto che il tuo genitore narcisista potrebbe cercare di ostacolare il tuo processo di recupero perché spaventato dal fatto che tu possa smettere di essere il suo carburante emotivo.

Qui di seguito ti darò qualche suggerimento per aiutarti ad evitare che il tuo genitore narcisista riesca ad inquinare il processo di recupero.

Prima di parlare pensa

Continuare a dover interagire con un narcisista significa avere ben chiaro in mente qual è la sua natura, ricordando che un individuo narcisista non è in grado di cambiare.

Questo ti aiuterà a mantenere il controllo della situazione ed evitare di rimanere delusa.

Non aspettarti quindi gentilezze da parte sua e non pensare mai che all'interno di un dialogo con lui tu possa esser in grado di trovare convalide al percorso di cambiamento che hai deciso di intraprendere.

Cerca di stabilire aspettative ragionevoli e, se dovessi ricevere feedback da parte sua sul tuo percorso, falli entrare da un orecchio ed uscire dall'altro.

Ricorda che per loro gli altri non sono importanti

Se da quando eri bambino fino ad oggi lui, o lei, non è cambiato, allora non cambierà neanche adesso.

Ogni volta che avrai un dialogo con il tuo genitore narcisista, ricorda che anche se la conversazione riguarda te, presto diventerà una conversazione su di lui.

Ormai dovresti conoscere questa sua "attitudine" e proteggere il tuo confine non divulgando alcuna informazione sulla tua vita deve essere un imperativo. Potrebbe tornare ad attaccarti in qualsiasi momento.

Cerca di dare risposte brevi ad eventuali sue domande, sii comunque gentile manifestando interesse alla conversazione ma non condividere i tuoi sentimenti, le tue opinioni o i tuoi piani d'azione.

Non permettergli di farti domande

Come abbiamo visto sopra, i narcisisti adorano distorcere la realtà e creare ansia nel prossimo. Quando eri in età adolescenziale, probabilmente anche tu sei stato vittima di frequenti smitragliate di domande che ti hanno creato sofferenza e disagio. Impara a riconoscere quando questo accade e rifiuta di rispondere ai suoi interrogatori.

Ogni volta che un narcisista cercherà di oltrepassare i tuoi confini, cambia argomento e disarmalo con un complimento. Lo distrarrai dalla faccenda.

Fingi, ad esempio, di aver appena notato qualcosa di tremendamente bello nel suo salotto e esclama una cosa del genere

"Wow, mamma, hai un GUSTO strepitoso! Cosa ti ha spinto a comprare questo tappeto meraviglioso? È fantastico"

Imposta limiti temporali

Inizia a stabilire i confini. Ad esempio, non essere sempre disponibile. Se il tuo genitore continua a chiamarti mentre sei al lavoro, interrompi la chiamata e manda un messaggio dicendo che sei in riunione comunicandogli che, se è urgente, può rispondere testualmente al messaggio.

Se non c'è niente di urgente, anche se il narcisista crede che lo sia, digli semplicemente che ci stai pensando e che tornerai da lui non appena potrai. Potrai sempre fargli sapere che sarai disponibile ma solo in base alle TUE disponibilità e non ai suoi orari.

Onestà con chi ti è vicino

Come detto, quando un genitore narcisista si rende conto del fatto che il figlio sta consapevolmente cercando di superare il trauma potrebbe tentare di interferire con il processo di guarigione. Sii quindi onesto con chi ti circonda, sii onesto in particolare con le persone di cui ti fidi e mettili al corrente della tua situazione. Qualsiasi eventuale ingerenza da parte del genitore narcisista nei tuoi rapporti dovrà essere immediatamente bloccata.

4.6 La fine del legame narcisistico

Esser cresciuto da un narcisista può essere molto invalidante. Può impedire al bambino il formarsi di una identità sana che comprometterà poi tutta la sua esistenza sia in termini lavorativi che di rapporti sociali.

I figli di genitori narcisisti tendono spesso ad avere attacchi di rabbia improvvisi ed inspiegabili o ad essere troppo indulgenti verso i bisogni degli altri e non verso i propri. Alcuni potrebbero mostrare tratti narcisistici, potrebbero trovarsi in relazioni di co-dipendenza con altre personalità di questo tipo oppure l'insieme delle due cose.

Questo succede perché è quello che pensano dell'amore. Non hanno un modello di attaccamento sicuro e di conseguenza tendono a finire sempre in rapporti tossici.

Però, questa eredità narcisistica può avere un termine. Ma dovrai prima di tutto riconoscere che quel tuo particolare genitore, con te, non è mai stato un genitore. O meglio, non lo è stato per come lo intende la prassi. Piangerai sicuramente questa presa di coscienza, dovrai dimenticare, come già detto, che possa cambiare e dovrai accettare che, tutto questo, potrà rappresentare il primo passo verso la guarigione.

Il tuo genitore ha, o aveva, dei limiti psicologici piuttosto seri.

Il tuo genitore, semplicemente, non era programmato per essere un genitore gentile e premuroso. Ma tu sei diverso. Ed il fatto che tu stia cercando di porre fine a questa scomoda eredità, ne è la prova definitiva.

Cerca quindi di fare del tuo meglio. E come già più volte consigliato, affidati ad un professionista esperto di queste dinamiche.

Molti figli di genitori narcisisti hanno paura della terapia. Niente di più sbagliato. Anche in questo, sono stati "ammaestrati" a pensare che una scelta di questo tipo significa essere sbagliati. Significa dare ragione ai loro carnefici. Non è così. Una scelta di questo tipo significa in primis grandissimo coraggio e poi anche tanta sensibilità.

Ti basti poi pensare che illustri personalità vengono spesso seguiti in percorsi psicoterapeutici. Ed anzi, parte del proprio successo deriva proprio da questo. Deriva da fatto di aver deciso di scendere a "trattare" con i propri mostri; deriva dal fatto di aver deciso di scavare dentro di sé, in profondità; deriva dal fatto di aver deciso di scoprire quali sono i modi per diventare persone migliori.

Da bambino, probabilmente, la tua vita ruotava intorno alla cura del tuo genitore narcisista. Non pensi sia arrivato adesso il momento di prenderti cura di te?

Un percorso di un certo tipo potrebbe aiutarti a capire dove si trovano le tue ferite narcisistiche. Potrebbe aiutarti a capire quali sono i tuoi pregiudizi. Potrebbe aiutarti a creare una vita in cui ti sentirai al sicuro con le persone con delle quali intendi circondarti.

E tutto questo sarà per te catartico e trasformativo.

Sappi che il genitore narcisista ha avuto bisogno di farti sentire non amato. Perché lui sapeva che solo chi non ama sé stesso non è in grado di prestare attenzione al comportamento degli altri.

È stato facile un tempo, quando tu eri un bambino pure e ingenuo. È stato facile quando dipendevi da lui. Ora non lo deve essere più. E quello che il tuo genitore narcisista pensa di te, per te, non deve avere alcuna importanza.

Dovrai riguadagnare potere. Dovrai capire quanto sei veramente amabile e dovrai concederti solo a chi vuole la possibilità di dimostratelo.

Comincia da adesso allora. Comincia ad amare te stesso, prenditi cura di te.

Quando proverai gioia, permetti a te stesso di provarla. Scegli persone che ti illuminino la giornata e allontana quelle che cercano di tarparti le ali. Presto, le prime ti dimostreranno quanto sei adorabile mentre la altre creperanno di invidia.

Non dimenticarti mai di sognare. Potresti essere arrivato alla conclusione che le cose buone per te non possono accadere. Ti sbagli. In questo momento, semplicemente, le cose buone TU NON LE VEDI. Comincia quindi a prestare attenzione alle piccole cose. Guarda il tuo capo che magari vuole farti da mentore. Presta attenzione magari a quella ragazza che ti sorride al bar. Credimi, saranno in tanti quelli in grado di capire quanto tu sia meraviglioso. Tu dovrai solo alzare gli occhi, raddrizzare la schiena, guardare e farti guardare. In fin dei conti, vedrai, non sarà neanche così difficile.

Amati e lasciati amare! E questa scomoda eredità, quel giorno in cui avrai imparato a darti tutto l'amore possibile, si scioglierà come neve al sole.

Stanno per arrivare nella tua vita montagne di cose buone. Prendile il prima possibile. E sbrigati. Perché saranno veramente troppe.

Conclusioni

Caro lettore, siamo quasi giunti al termine di questo libro. Mi auguro di averti lasciato qualcosa, sarebbe già una vittoria per me. Come avrai intuito, certe dinamiche le ho vissute in prima persona. Capisco quindi molto bene cosa significhino per te.

Ora, per qualche ragione, l'universo ha deciso di mettere questo libro nelle tue mani e va bene così. Sappi che ci saranno però centinaia di migliaia di altre persone che sono, od erano, nella tua stessa situazione ma che ancora non hanno avuto l'opportunità di aprire gli occhi.

Tu, per qualche ragione che non compete a me indagare, sei destinato a guarire. Ma per qualche altra ragione, e questo te lo dico con cognizione di causa, il tuo istinto è stato abbastanza forte nel suggerirti che, probabilmente, stavi subendo un torto.

Ora, hai appena intrapreso un percorso di cambiamento e stai cominciando ad acquisire consapevolezza, a conoscere fatti e strumenti che potranno aiutarti a cambiare il tuo futuro.

Troppo spesso, i traumi del passato impediscono alle persone di guardare con ottimismo al futuro. Ma io sono qui per dirti, e te lo do per sicuro al 100%, che lo shock di quanto ti è successo nel passato, ti impedirà di guardare al futuro solo se tu glielo permetterai.

Ricorda, il passato non può essere cambiato, il presente è un momento fugace ma il futuro è ciò che tu farai del tuo presente.

Ora ti faccio una domanda: saresti felice di svegliarti tra cinque anni e desiderare di aver fatto qualcosa prima per poter cambiare? È una domanda retorica ovviamente. La risposta è no. Desiderare un giorno di poter far qualcosa nel passato per aggiustare una qualche situazione è una cosa che forse potrebbe fare solo qualcuno in grado di viaggiare nel tempo. Una cosa del genere, per noi comuni mortali non è un desiderio. Si chiama rimpianto. Ora ti chiedo: vuoi avere rimpianti un giorno? Mi auguro di no.

Ti consiglio quindi di cominciare a pensare in questi termini:

"oggi è il primo giorno del resto della mia vita, farò come se fosse l'ultimo".

Non sei solo amico mio. Molte altre persone ci sono passate prima di te. E nonostante tutto oggi hanno una vita prospera e con famiglie amorevoli intorno. Dipende solo te.

Forse non sai una cosa ma è ora che tu ne prenda consapevolezza. Tu, come me e come tante altre persone che hanno subito abusi da parte di un genitore in passato, oggi hanno un dono immenso. Già, proprio così! I figli di genitori narcisisti sono alcuni fra le persone più empatiche del mondo.

Prendersi cura di persone anaffettive, narcisiste, manipolatrici e violente richiede di essere molto più premuroso, amorevole e sensibile della maggior parte degli altri. E con un tale livello di empatia un giorno non troppo lontano, tu correrai come il vento e cambierai il tuo mondo. Guarirai e arriverai ad amarti come mai hai fatto prima. Potresti considerarlo impossibile oggi, senza dubbio. Ma tieni presente che la pratica richiede pazienza.

Avrai delle ricadute, sicuramente! Ci saranno giorni in cui non avrai voglia di fare niente. Ci saranno giorni in cui cederai davanti alla tua emotività e ricomincerai a rispondere alle domande del tuo genitore narcisista. Alle volte, potrai esser sul punto di esser trascinato nuovamente nel campo di distorsione dei tuoi genitori.

Non preoccuparti però, ognuno di noi ha giorni così. L'importante è risalire immediatamente sul cavallo e ricominciare a correre verso i tuoi obiettivi.

Il tuo genitore narcisista potrebbe averti condizionato a credere che fallirai sempre perché sei una persona debole. Non c'è nessun nesso causale in questo. Nessuno!

Le persone più grandi del mondo hanno fallito più e più volte. Oprah Winfrey, Jeff Bezos, Selena Gomez che ha superato un enorme trauma emotivo dopo aver rotto con Justin Bieber; il colonnello Sanders ha venduto il suo primo hamburger a 67 anni, dopo ha creato quell'impero economico meglio conosciuto come

Kentucky Fried Chicken, Steve Jobs è stato cacciato dalla stessa compagnia che aveva fondato, la Apple!

Ognuno di noi ha giorni negativi. Ma le persone che hanno successo non lo hanno perché sono eccezionali e perfetti! Hanno successo perché riprovano ancora, ancora e ancora.

Cerca quindi di capire che gli abusi che hai subito da piccolo non erano legati a quello che tu eri. Gli abusi che hai subito da piccolo erano un riflesso del tuo genitore.

I tuoi punti di forza, i tuoi talenti e le tue abilità non sono mai stati presi in considerazione. Anzi, spesso sono stati bastonati perché coltivarli avrebbe significato sconfitta per qualcun altro. Ora però è arrivato il tuo momento. Ora è arrivato il momento di uscire dal guscio e mostrare a tutti loro e al mondo intero chi sei veramente tu.

Quindi, amico mio, in chiusura voglio lasciarti con questo consiglio:

Regalati il futuro che meriti. Un giorno ti sveglierai finalmente con il sorriso sulle labbra pensando "grazie a Dio ho deciso di prendere in mano la mia vita".

Buona fortuna amico mio, con tutto il cuore...

Grazie per aver acquistato **Genitori Narcisisti**

So che avresti potuto scegliere tra un numero molto ampio di libri da leggere ma hai scelto il mio e di questo te ne sono estremamente grata.

Se, quindi, ti è piaciuto e ti ha lasciato qualcosa, mi piacerebbe avere una tua opinione. Spero, pertanto, che tu possa dedicare un po' del tuo preziosissimo tempo a scrivere e pubblicare una recensione su Amazon.

Voglio che tu sappia che la tua recensione, per me, è molto importante.

Ti auguro tutto il meglio!

9 798517 753823